北京市教委科研基地项目资助

Leadership Theory and Case Study

西方领导科学流派研究

（研究生教材）

王国宾　李　玉　著

中国协和医科大学出版社

图书在版编目（CIP）数据

西方领导科学学流派研究／王国宾，李玉著．—北京：中国协和医科大学出版社，2011.11

ISBN 978-7-81136-587-0

Ⅰ．①西…　Ⅱ．①王…②李…　Ⅲ．①领导学-流派-研究-西方国家　Ⅳ．①C933

中国版本图书馆 CIP 数据核字（2011）第 216593 号

西方领导科学学流派研究

作　　者：王国宾　李　玉
责任编辑：于　曦　韩　鹏

出版发行：中国协和医科大学出版社
（北京东单三条九号　邮编 100730　电话 65260387）
网　　址：www.pumcp.com
经　　销：新华书店总店北京发行所
印　　刷：北京佳艺恒彩印刷有限公司

开　　本：700×1000　1/16 开
印　　张：9
字　　数：130千字
版　　次：2012年9月第1版　2012年9月第1次印刷
印　　数：1—5000
定　　价：26.00 元

ISBN 978-7-81136-587-0/R·587

作 者 简 介

王国宾，男，1948 年生，第十一届全国政协委员、教科文卫体专业委员会委员，北京舞蹈学院教授、研究生导师。曾任北京舞蹈学院党委书记、院长，北京舞蹈家协会副主席，中国艺术教育促进会副主任，中国教育管理学会常务理事，北京艺术教育学会副主任等。长期从事艺术教育管理与研究教学工作，曾承担全国艺术学重点课题及北京市科研课题研究，出版《舞蹈教育战略研究》、《文化视野与舞蹈高等教育》、《十年历程》等著作。在有关核心期刊发表论文 60 余篇，被评为文化部先进工作者、北京市优秀教育工作者。

李玉，男，1984 年生，曾就读北京舞蹈学院艺术传播系，毕业后留校。2008 年考取艺术管理专业方向硕士研究生。在艺术管理基础理论方面先后发表十多篇专业论文，其中《为纪录转瞬即逝的艺术而努力——关于国外舞蹈保存经验的研究》获文华艺术院校奖桃李杯舞蹈比赛论文一等奖，曾参与多项与舞蹈高等教育改革相关的北京市级科研课题。

前　言

领导是人类集体生活的现象之一，是随着群居与集体活动而产生、随着人类活动规模的扩大而发展起来的。自人类有文字记录起，领导行为就成为了组织管理人类群体活动的一个基本要素，无论是上古时期的冷兵器狩猎行动还是在当代社会发展过程中的工业化、信息化行为，领导现象无处不在。但只有在近代，延续在西方社会文化当中的精英意识伴随着19世纪以来的社会运动与发展，通过近代经济水平的提高和文化反思的程度的加深，才真正促使领导行为的研究进入了一个蓬勃发展的时期。在这一阶段，许多学者都进行了有成效的研究，提出了各自对于领导现象的看法，形成了一脉相承又松散耦合的脉络体系。

从有文字记录开始，世界上各个民族的传统文化当中一直都保有对领导人的看法。从荷马（Homer）的著作《伊利亚特》（*Iliad*）中将领们在特洛伊战争中的决策行为、《奥德赛》（*Odyssey*）中关于奥德修斯（Odysseus）的领导行为的描述、以及柏拉图（Plato）在《理想国》（*The Republic*）中对“哲学王”的表达，一直到亚当·斯密（Adam Smith）在《国富论》（*The Wealth of Nations*）里对于分工管理以及经济人的论述，都从不同角度揭示了许多与领导有关的行为、品质和特征。中国作为民族文化传承最为悠久的国家之一，自古以来也有着对领导的管理现象关注的另外一脉传统：与西方强调精英概念、注重个人在组织中的作用不同的是，我们更加关注通过个人修行来实现人性的发展和个人的成长、更加注重人与外界自然、社会环境的呼应与平衡，通过自省、达到修身、齐家、治国、平天下的理想，抑或复归田园，隐身于世。

领导行为影响着我们的生存状况。和平只是半个多世纪以前才有的事情，人类历史上不同人的领导行为左右着无数人的生命。“人生无根蒂，飘如陌上尘”，在刀光剑影的冷兵器时代，领导力的作用或许只局限在某个村寨、某个部落之间。但是我们不难发现，从19世纪资本主义发展至今，正是在某些领导人的许可下，各种杀伤性武器陆续登场，开展了大规模的战争。虽然最终依靠这些武器才实现了和平，但在和平时代仍然潜藏着动荡与不安，维持社会的平衡仍然是依靠领导力才能够得以保障的。这一切也都说明了领导力本身也是一把双刃剑，好坏往往系于领导者一个人身上。

当今时代，社会竞争风云变幻无常，机遇与风险层出不穷，组织面临的环境复杂程度超过以往任何一个历史时期，受此影响，组织内部的平衡与博弈，就更加成为了摆在管理者面前的重要问题。并且从管理的角度来看，对于组织的领导理念的把握，更有助于每一个成员从大局把握发展的趋势。因此，领导科学研究对于当今时代而言，有着更加重要的意义。在组织管理的相关史料当中，西方社会对于领导力的研究有着一套前后脉络相对比较完整的、局部研究也比较有针对性的体系，各个阶段的西方领导思想和领导理论的产生和发展过程也较为完整。主要包括三个层次：第一部分是西方管理学家的领导科学理论；第二部分是西方政治学家的领导思想，如孟德斯鸠（Baron de Montesquieu）的“立法、行政、司法”三权分立学说；柏拉图的“政治职能在于对公民的心灵进行道德医治”的思想；马基雅维利（Machiavelli）的政治权术思想；马克斯·韦伯（Max Weber）的“政治即领导”的思想等，这些为领导学的建立和发展提供了重要理论原则；第三部分是西方的政治家在领导活动实践中产生的领导思想，如波拿巴·拿破仑（Napoleon Bonaparte）、乔治·华盛顿（George Washington）、亚伯拉罕·林肯（Abraham Lincoln）、温斯顿·丘吉尔（Winston Churchill）、理查德·尼克松（Richard Nixon）、富兰克林·罗斯福（Franklin Roosevelt）等世界著名的政治领袖们，他们在政治活动中提出了许多光辉的领导思想，为领导学的建立和发展提供了实践基础。而这些前人积累的成果都为我们进行领导理论研究提供了很好的借鉴和参照。

自20世纪30年代以来，人们面对规模庞大、结构复杂的工程任务开始关注领导作用和效能问题。西方许多管理学家从不同视角研究了领导学理论，归纳起来可分为以下五种：一种是对领导特质理论的研究；一种是对行为理论的研究；第三种是对领导权变理论的研究；第四种是团队领导理论的研究；最后一部分是对新领导力的研究。这几个方向的研究构成了西方领导理论产生、发展的几个主要阶段。这些研究从时间上来看，并不一定是前后顺序衔接、阶段明确的，而是有着内在的关联的，后一个理论往往是在试图解决前人理论所未能解决的问题的过程中出现的。

虽然学者们对于领导力的研究仍然日趋复杂，理论界定五花八门，新定义也层出不穷。不过这既说明了“领导”这一概念的复杂性，也说明了领导现象本身的独特性、实践性，是不能用某一个理论就能完全说的清楚的。因此，考虑到这些理论对于领导力研究的关注点的不同，本书主要是以领导人的行为为核心，阐述和分析各个理论体系，力图通过清晰简洁的思路向大家介绍西方的领导理论，同时也尽可能地涵盖在管理专业领域我们应当关注的一些主要内容。

早期心理学注重研究领导人行为的本质，随着心理测验工具的兴起，人们开始借助工具来识别不同情况下个体的差异，进而在战争中选拔最适合特定的岗位需求的人。随后人们把关注重点转移到领导者和非领导者的区别上来，却发现一些研究成果和结论并不能有效解释领导科学的根源，而对领导行为的研究又得出了自相矛盾的结论，因而领导研究又朝向情景研究、特质研究等方向前进了一步。随后引发出关于团队领导行为的研究，以及信息化环境下的领导力、新领导流派等研究，都极大地丰富了领导科学研究的成果。

领导科学研究不仅能够使我们通过这些规律更好地把握、理解和预测领导的行为，也能够解决一些我们在管理当中所遇到的问题，并且对一些领导和管理现象进行深入的思考。例如领导科学的研究不仅能够让我们更好地理解“什么是领导”、“领导为什么要这么做”这样的问题，并且能够引导我们思考如何“发现领导、培养领导”、“领导应当如何做”、“领导行为如何评价”等等。因此，本书分为以下三个部分：第一，介绍领导科学的相关概念，探讨领导者的责任、权利、义务，辨析领导行为与管理行为的差异性；第二，介绍西方领导理论产生发展阶段当中重要的领导管理理论；第三，结合实际管理当中的一些案例提出问题、进行分析。

本书的面世得益于很多人的帮助。在出版之际，衷心感谢北京舞蹈学院党政领导、学术委员会专家、科研处对我们的支持。在北京舞蹈学院研究生部的支持下，本课程成为舞蹈学专业艺术管理方向研究生的专业课程，并在上课过程中得了同学们的积极互动与完善，她们是：姜郑嘉梓、曹洁、张哲、林琳、刘洁，再次感谢她们为本书出版做出的贡献。本书在写作过程中参照美国心理学家协会（American Psychological Association）写作格式APA（第八版），文中姓名译名主要按照国内常用姓名译名惯例翻译，并参考了《英语姓名译名手册》（商务印书馆，第四版）。为便于读者理解，书后也统一整理了“管理名词中英文对照表”。尽管我们都很努力，但书中可能仍然存在着一些缺点和不当，恳请读者不吝赐教，以期在后续的版本中臻于完善。

王国宾　李　玉

2012年1月

目　录

第一部分　绪论

第二部分　领导理论主要流派

第一部分 绪 论

第一章 领导概念

一、领导的含义

在色彩缤纷、千变万化的人类社会中，领导现象既是非常复杂又是非常使人注目的社会现象，人们及世界各国有关专家对领导概念的界定各执己见，莫衷一是。一般人们将领导者（leader）定义为那些能够影响他人并拥有职权的人。而领导行为（leadership）是指领导者所做的事情，具体地说是那些能够影响群体实现目标的过程（Robbins，2008）。管理科学对于领导的研究主要是针对 leadership 而展开的，虽然 leadership 的含义大致上包括了率领、带领或引导组织进行发展，但学者费德勒（Fred E. Fiedler，1970a）仍然认为“对领导的定义差不多和领导理论一样多”，虽然关于领导的定义从来未形成统一认识，各种说法有几十种，但其中仍有几种影响比较大的流派，并且各自都有一些代表性的领导定义。

在西方学者的理论当中，一般都通过解释领导者，被领导者，组织结构，实现目标四个方面的要素来对领导进行定义。美国学者巴斯（Bernard M. Bass）和斯托格迪尔（Ralph Stogdill）在编著的《巴斯和斯托格迪尔的领导手册》中，在综合各派观点的基础上，对各种领导概念进行了归纳比较，提出了以下十一种领导定义：

1. 领导是群体工作的核心。这个定义认为领导是团队、组织、机构、部门活动的中心、内核。

2. 领导是具有优秀个人品质的人。倾向用领导特质（个性特征、人格魅力、心里激励）来界定领导者。

3. 领导是一种活动行为。倾向用领导的具体行动来为领导者下定义，即“领导者都做些什么”。

4. 领导是实现目标手段。认为领导只是组织实现目标当中的一个途径、一种工具、一个元素。

5. 领导是一种相互效果。认为领导是在组织当中，根据具体的结构，受到成员内部彼此之间的关系与作用产生的一种结果。可以说是一种“效果论”，主要是考察领导行为的具体影响和实现目标之间的关系。

6. 领导是与众不同的角色。认为领导作为社会系统的成员之一，与其他成员一起共同推动着社会系统的发展，领导只是稳定和整合其他成员并促进社会系统进步的一个关键角色。

7. 领导是组合结构的创建者。斯托格迪尔曾经对这种定义进行过阐述，认为建立组织结构是领导最重要的任务之一。

8. 领导是诱使他人服从的行为。这种定义认为领导行为就是领导者根据自己的个人意愿、意图、想法打造团队，去引导和诱使他人按照自己的意图行动的行为。

9. 领导是施加影响力的过程。这种说法强调领导对他人的作用，通过影响他人最终实现目标。例如“圣雄”甘地、马丁·路德·金等人。

10. 领导是劝说服从的行为。李普曼（Lippmann，1922）认为领导的最终任务就是劝说他人建立起完成任务的信心和愿望，即依靠坚定的个人风格和理智推动他人的行动。

11. 领导是一种权力关系。这种理论认为领导的行为的核心就是权利的归属，以及领导实质上是占有各种资源、具有某种动机和目标的权利持有者（James M Burns，2006）。

美国麻省理工学院学者、领导学专家沃伦·本尼斯（Warren G Bennis）认为，“领导是促使一位下属按照所要求的方式活动的过程”。

美国西密歇根大学（WMU）沟通交流学教授彼得·诺思豪斯（Peter G Northouse）撰写的《领导学：理论与实践》(leadership：Theory and Practice)，是超过250所北美大学所选用的教材。该书对领导定义为：领导是个体影响一群个体实现共同目标的一个过程。

综合上述观点不难发现，领导定义首先是人们活动的一个过程。领导并不是居于领导职位者个人的行为和表现，而是发生在领导者和追随者之间的相互合作的活动。有效的领导者必须是能以自己良好行为影响凝聚追随者共同实现任务目标，这是包含着多种复杂内容过程。因而，领导定义除包含以下基本要素：领导者、被领导者、组织结构、工作目标以外，还应该考虑到领导环境对于管理所产生的影响。

在研究管理学理论的方法上，国外学者曾经提出过一个研究步骤，首先要选定相关理论要素，进一步确定主要要素、剔除无关要素，并且确定要素关系，最后涉及要素的特定关系进行阐述，同时要充分研究关系如何产生的，以及要充分辨析理论的边界、判定要素之间的关系，最后才能够确定理论活动的系统状态（Antonakis，2007）（图1）。

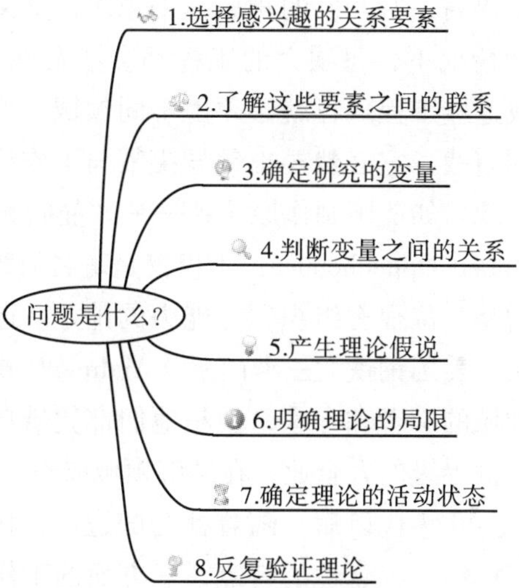

图1　理论建立的一种模式

因此我们在学习各个阶段的流派时，可以从这几个方面入手，对理论的来龙去脉进行理解，这样能够较为立体地明确理论实际发挥作用的前因后果。通过这种动态过程的把握，可以有效避免学习过程中产生片面的印象。

虽然关于领导者的各种各样的定义都在一定程度上揭示了这一概念的复杂性（Jon L. Pierce，2009），这些定义之间也反映了学者们在领导者和领导过程问题上，存在着相当的分歧（Yukl，1998），但是在普遍意义上，大多数学者仍然对领导定义存在彼此之间交叉耦合的、相似的共识。正如安东纳基斯（Antonakis，2007）等人所指出的，“领导理论互相之间重叠，应当进行一定的整合”，但“只有努力将研究的成果固化，领导研究才能够进入到下一个阶段，最终建立领导综合理论并进行检验”。根据目前已知的领导管理定义，我们对领导定义为：“领导者在一定环境条件下，充分运用发挥自身的影响力，引领或带领追随者群体，共同实现组织目标的过程。”

依据国内外领导学专家的分析认为，领导学的诞生主要有两大标志，一是决策从日常的工作管理中独立出来；二是咨询从决策中独立出来。领导工作从日常管理中独立出来，成为一项专门化、科学化的工作，是人类社会进入20世纪以来各领域的组织发展的要求。20世纪以前决策与执行基本是不分的，或者说分离也是有限的、局部性的。进入20世纪后，由于教育、科技的快速发展，人们的认识能力极大提高，所开发的领域越来越多，交叉学科与专业大量涌现，在这种情况下，每项大的工程都会涉及许多领域和学科，人们要顺利完成这些工程项目就必须由不同领域、地域的学科专家及工作人员协同奋战，它必然要求领导决策与工作执行的分离，必然要求帅才的出现。如美国制作原子弹——“曼哈顿工程”的总指挥奥本海默（Robert Oppenheimer）不仅仅是著名的物理学家和技术专家，更重要的是一位很有组织领导能力的帅才。还有人们熟知的香港大亨李嘉成、美国钢铁大王卡内基（Andrew Carnegie），他们都不是某一专业领域的学者和专家，但是他们都凭借自身卓越的领导组织才能建立了世界级的大企业，在经济领域取得了辉煌的成就。

进入20世纪40年代以后，随着社会的进步，科学、企业、工程日益呈现出广博性、综合性的特点，三方面的工作活动都具有规模庞大、结构复杂、功能众多的特性，因而就带来了领导者个人或少数人进行决策的局限性和艰巨性。这就要求领导者在决策过程中将“谋”与“断”相对分离，一种新的行业应时而生了，咨询业成为一种重要的行业，形式多样的智囊团日益成为领导活动中一道亮丽的风景线。此后，领导者在决策过程中的功能主要体现为抉择，即“断”；智囊团的主要作用对于被选方案的提供和论证，即“谋”。这不仅将领导者从繁重的技术性论证工作解脱出来，而且，还有效的弥补了传统的领导者个人或少数人决策的局限性。

二、领导管理的特点和本质

领导是一种多层次、多领域的交错立体现象，不同行业的领导情况有着显著的差异。例如连锁店的领导相比较政府机关，将更加强调行销力和扁平化的管理，而后者更加强调工作中的程序性和合法性；新媒体技术组织的领导要把握核心技术的不断创新，以及项目开发的前瞻性；演出公司的领导在演职人员人事制度和管理方法上要更讲究灵活性，也要面对更加具有风险和不确定性的受众市场。

领导管理按照职位层次，可分为高层领导、中层领导和基层领导；高层领导一般就是指以组织的“一把手”为核心的领导班子，中层领导是维系组织运作的重要管理环节，基层领导更加注重对一线员工的直接领导和工作安排。

按领导管辖的领域分类，可分为政治领导、经济领导、文化领导、军事领导等。但大多时候，领导的领域彼此存在交叉，职能上也在动态的变化，因研究和切入领导学范畴的视角不同，而对领导的特点有着不同的定义。心理学更容易关注领导者和被领导者之间的关系变量，以及领导者的性格特质，政治学更加关注领导权力的实现，女权问题研究更加偏重领导者如何通过分权来实现管理，等等。虽然研究过程存在多个视角，但概括的来说，领导管理有着以下一些共性和特点：

（一）领导管理具有社会组织系统的特点

领导是一种社会活动的过程，所必需的要素包括了领导者、被领导者、环境，三者构成了一个完整的管理体系。上至国家管理，下至各级组织，都存在有各自的领导行为，领导管理因而具有社会组织系统的特征。

1. 领导者　指经过一定法律程序在社会组织中担任一定职务，拥有一定的权力和责任，能率领和影响群众，实现一定组织目标的人。

职务标志着领导者在社会组织中所处的地位和身份，担任一定职务就会享有一定的权利，领导者一般拥有设计战略目标、制定决策、建立组织机构、选人用人等方面的权力。同时，领导者按照其承担的岗位职责和享有的权力，对领导活动的结果承担法律法规上的责任。领导者是领导活动的策划者、组织者、指挥者，在领导活动中起着主导作用，对领导活动的成败起着关键性作用。

2. 被领导者　与领导者相对而言，指在一定社会组织中，在领导者率领、指挥下进行活动的群体。

被领导者在领导活动中的地位在一定条件下具有相对性。身处最基层的广大人民群众，在社会活动中始终处于被领导的地位；对处于中间领导层次的人来说，他们相对于下级是领导者，相对于上级是被领导者。

被领导者在领导活动中并非是完全被动的，他们在领导活动中起着基础的作用。对领导活动的成败起着决定性作用。这是因为领导活动有着不同于其他活动的特殊性，即领导行为和领导目标之间的间接性。领导者可以提出目标，但不能只靠自身的行动去实现目标。只有组织目标符合大多数群众利益，获得广大群众支持和行动，组织目标才能实现。凡是违背群众利益，遭到群众反对的组织目标是不可能实现的。因而，在领导活动中领导者与被领导者的作用是相互的。

3. 领导环境　指独立于领导者之外的客观存在，是能直接影响领导者从事领导活动的一切时间和空间因素的综合。

领导环境是指在一定时期影响领导活动的社会政治、经济、文化等客观因素，政治是国家的法律和政策状况以及社会治理状况、任何领导活动的顺利进行都与社会政治稳定和政策条件密切相关，从这个意义上说，政治因素是领导活动顺利进行的关键性因素，经济因素是领导活动顺利进行的物质基础和财力条件，对领导活动开展起着决定性作用。一个国家和民族的文化传统、行为习惯也对领导行为产生重要影响，还有同上级领导的关系状况以及本组织与周围组织的关系状况，都会给领导活动产生重要影响。

领导环境是领导活动开展的客观基础，领导者进行领导活动必须充分认识环境、利用环境，以适应环境的要求。但是，领导者不能超越环境许可的范围进行活动。

领导活动是一个过程，领导活动要讲效绩，因而，领导就不可能是领导者个人自上而下运用权力的行为。领导者的决策、指挥和被领导者的执行力都具有等量齐观的作用。用一个公式表述为：领导＝领导者＋被领导者＋领导环境。

（二）领导管理更强调一种“看不见的影响力”

领导活动既然是领导者和被领导者相互作用的过程，那么，一个有效的领导者必须对下属群体具有较强的影响力。所谓影响力，是指领导者在率领所属群体实现组织目标的过程中，影响和改变他们观念及行为的能力。根据领导者层次不同，其影响的群体可以是一个较小的群体，也可能是一个社区群体或整个组织系统的群体。

领导影响力可分为权力影响力和非权力影响力。

权力影响力也称为硬性控制力。这首先来源于领导者职位和权力的合法性，是依照法律、规章授予职责和权力。如领导者在领导工作中对下属人员的使用权、工资福利权、奖惩权等。领导者运用合法的权力决定下属人员的工作和薪酬，支配其前途和命运。而下属人员在一定条件下是必须服从的，可见权力影响力具有一定的强制性和不可抗拒性。但是，有的领导者超出法律、规章授予的职权范围，滥用权力欺压打击下属人员的行为，不属于权力影响力的范围。

非权力影响力是指领导者用个人的能力、学识、品德等领导魅力，凝聚、团结下属群体，使下属群体自愿追随的影响能力。这是领导者对被领导者影响力的本质方面，是领导者对被领导者的观念和心理影响及改变，是领导者的内在的感召力和凝聚力，是下属群体心悦诚服的自觉服从。这是衡量一个领导者领导水平高低和领导能力大小主要标志。也是领导权威、领导形象最基本的象征。

做一个有效的高明的领导者，要不断提高自身素质，有能力吸引、团结志同道合的跟随者一起奋斗。

优秀的领导者有一种特殊的能力，他们有远见，对未来有梦想，能对组织的未来创作一个令人激动的、非常吸引人的共同愿景，让下属在没有进行某项任务之前，已经看到未来美好的结果，就像设计师绘制的蓝图或工程师构筑的模型一样。

优秀领导者有一种很强的亲和力，让组织中的同事体验到一种家的感觉，增强集体意识，形成强大的凝聚力，这是战胜困难的内在动力。

优秀领导者有一种带领下属群体共同创业的魄力，能为下属搭建一个平等竞争的平台，提供一个快乐的工作环境，在事业上获得成功，享受成就上的快乐，实现人的心理的最大满足。

非权力领导力的一个例证

哈罗德·威廉姆斯[①]刚辞去美国证券交易委员会（SEC）主席职位后，在他的一本讲演文集的扉页上，写满了他证券会同事的赠言。

“和你共事真是太有意思了。”——拉尔夫

“你的努力看似平常，实则不易。对我而言，与你共事是一个学习的过程，一个成熟的过程。你教会我如何去思索和判断时代感——如何去培养和实现他，这是极其有用和必要的。跟你在一起总有如沐春风之感，令人快意。谢谢你！”——乔治

“对我来说，和你共事的机会是一种形式很好的大学毕业后的在教育。但愿你也像我一样时刻感受到欢欣鼓舞并乐在其中。”——丹

（三）领导管理同时也是一种公权力

领导权力不是私人的权力，是一种公权力。因为，领导活动从本质上说不是私人行为，领导是公众使命的承担者和推行者。

从权力的来源上分析，领导者手中的权力是哪来的？既不是上天授予的，更不是上级领导任命的，与权力神授传统观念所不同的现代社会把“权力民授说”视为一个普遍的社会法则。一个现代、民主的社会里，领导者所承担的职位仅是广大民群众意愿的代理或代表，领导者的权力是人民给予的。

在领导权力的使用上，由于领导权力来源于民众，领导权力只能用于公共目的，只能用来为社会大众谋福利。因此，“领导就是服务”反映了领导权力是公权力的特殊性质。任何一个层次的领导权力的使用都要受到法律、规章的和社会利益的约束。一些领导者把权力看成是私人占有物，以权谋私获取个人私利，是为人民和社会所不容的，也必将受到法律的制裁。

---

① 哈罗德·威廉姆斯（Harold·Williams）曾经在20世纪70年代后期任职于美国证券交易委员会主席一职。

第二章 领导角色的基本规定性

领导者是一种社会角色，他们要大量面对的不是个别性问题，而是组织群体问题和社会性问题，他们是社会活动家，是掌握一定权力的社会特殊角色。尤其在现代社会，领导者非但不再神秘，而且越来越显现出公共公开的色彩，领导者要担负维护公众的利益和公共秩序的社会职能。在哲学范畴当中，所谓规定性（prescriptive），是决定一事物自身存在并同他物相区别的特性、特征。表现为质和量两种规定性，即能够为物质下确切定义，表达物质与其他物质不同之处。因而，领导角色必须要设法确定其基本规定性，具体体现为三个方面：领导者的职位、职权和职责。

一、领导者的职位

现代社会生活是组织化的，一个社会组织中的领导者首先要有合法化的职务身份，这就是按照法律和规章设定的社会组织中的领导职位。没有合法的组织领导职位，就没有合法的领导者，现代社会的领导者不是由个人认定的。

所谓领导职位，是由权力机关或人事行政部门根据法律与规章，按规定的程序设定的社会组织中的领导岗位。其包括的内容有：岗位名称、岗位级别、岗位职责和任务。

对领导职位的把握首先要明确的一点是，国家或权力机关根据法律设置的社会法人单位，根据法人单位设置其领导岗位。如，国务院设置了有关部委才有部长的领导岗位，设置了市、县行政区域，才有市长和县长的领导岗位，相同的岗位名称其级别是不同的，同为市长可区分为省部级、司局级、县处级。享受不同的级别的领导又必须承担相应的职责。领导者职位有着两方面特点：

（一）领导职位是以“事”为基本依据设置的

任何一个法人组织单位的成立都会有自己非常明确的工作目标，一项总的工作目标又包含着大小不同、复杂各异的许多任务和事情，领导职位级别高低不同和承担职责的多少是根据任务的需要确定的。这就是人们常说的因事设岗，也是人事管理的基本原则。

（二）领导职位具有相对的稳定性和对领导者的约束性

稳定性是指，领导职位大都是从完成工作任务需要出发，依照法定程序设置的，不能由个人和非权力部门随意增设及撤销。如，某一领导者因为能力不足或其他方面的原因不再胜任这一领导职位，他本人应当辞职或被免除领导职务，但是，领导职位本身不能被废除。约束性是指，领导职位是对担负这一职位领导者的公务行为的基本要求，其行为结果的好坏是衡量领导者工作能力高低、是否称职的基本依据。因而，一个优秀的领导者必须依据职位的要求，积极克服困难，解决问题，取得成效。一个领导者的公务行为，是不可能离开职位要求而随意行事的。领导职务也不能因领导个人喜好而增减。

二、领导者的职权

一个担负一定职位的领导者，还要享有按法律程序所赋予的工作权力，实现在领导活动中，就是只有职权的结合，才能有力推动工作任务的有效完成。一个领导者只有职位而没有实际权力，只是享有了领导职位的一种名分，实则有职无权。如社会中大量群众组织的主席和副主席，在社会上影响很大，但是，对真正解决社会问题并没有实际权力，这与政府部门相应的领导解决问题的力量具有很大差别。

所谓领导者的职权，是指担负一定职位的领导者依据职责的要求，享有的按照法律规章赋予的工作权力。以管理学界和领导学界研究的成果看，领导者的职权范围大致包括为：对组织目标、重大任务项目的决策权；对下属人员担任职务的任免奖惩权；对完成工作目标所需物资的配置权；对组织活动所需财力条件的分配权；对组织活动的指挥、协调、监督考评权。

上述五种领导职权是有限度的权力，是国家因社会公共管理分工不同，按照法律规章进行划分确定的，领导者被授予的权力是有明确范围的。职权的本质是公共权力，因而是排除领导者个人因素的。领导者不能因个人的能力、关系等状况而随意改变职权范围，任何领导者随意扩大职权就是滥用权力；反之，若随意失掉职权则是渎职。

三、领导者的责任

领导者要依据工作目标取得成效必须要有职有权，有职位才有正常工作的名分，按中国的传统观念名正方能言顺，名不正则言不顺。职位的重要性在于有权，有权才有实力和支配力。但历史的政治经验证明，职位与职权的行使必须受到相应的约束，这主要是享有一定职位和职权的领导者，必须要同时承担起领导组织活动的法律后果。所谓领导者的责任，是指享有一定职位和职权的领导者，在努力做好分内工作的过程中，同时由个人承担起与职权相当的荣辱成败的法律后果。

责任感是一个优秀领导者的重要政治态度和政治心理。责任感使领导者将手中的权力看成是一份责任，行使权力的过程同时也是承担责任的过程。在现代社会里，领导者的权力是人民给予的，是公共权力，任何滥用权力的行为、以权谋私的行为都会损害人民群众的利益，都会遭到人民群众的反对，领导者组织活动的最终结果必然以失败而告终，领导者本人会受到人民的谴责和法律的追究，承担责任是领导者正确运用权力的一种内在机制。

领导者应承担的责任主要有政治责任、经济责任、直接责任和领导责任等。政治责任是领导者贯彻国家的路线、方针、政策的情况以及完成重大工作任务所造成的社会影响。经济责任是领导者的职位所明确承担的经济目标以及因领导者个人失误造成的经济损失。在上述政治、经济责任中，作为领导者既有直接责任又有间接领导责任，由领导者个人工作失误所造成的损失为直接责任；由于领导者对所属部门监督检查不力而由部门造成的重大损失为领导责任，领导责任又称为间接责任。无论是哪一种责任都应是按照法律和规章确定的责任。

领导的职位、权力、责任三个方面构成作为领导者角色的基本内容，三方面各有其独立的内涵和要求，对此以进行了充分的表述。从另一个方面看，领导者角色的三方面内容是相互联系、相互作用的辨证的统一体。领导者的职位既是对领导者应承担的岗位职责、任务的确定和要求，又是对领导者享有相应权力的基本依据和范围的划分；领导者权力是履行其承担的岗位职责、完成工作任务的重要条件；领导者的责任是促使领导者积极完成岗位职责任务，同时又能约束其正确行使权力的内在机制。

第三章　领导与管理的区别和联系

领导活动是人类自古以来就发生的现象，领导学已成为一门独立的学科，是人类社会在20世纪30年代发生的事情，距今约有70多年的历史。因此，领导科学是20世纪产生的一门新的学科，是20世纪的显著成就之一。

管理活动也是自有人类出现就有的现象，我们假如以弗雷德里克·温斯罗·泰勒（Frederick Winslow Taylor）的名著《科学管理原理》（*The Principles of Scientific Management*，1911）以及亨利·法约尔（Henri Fayol）的名著《工业管理和一般管理》（*General and Indnstrial Management*，1916）为管理学诞生的标志，那么管理科学的产生与发展已有90余年的历史。从时间上分析管理学产生早于领导学，领导学是随着管理学研究与发展而独立出来的。

在第一章中我们将领导的概念定义为：领导者在一定环境条件下，充分运用发挥自身的影响力，引领或带领追随者群体，共同实现组织目标的过程。领导与管理的关系问题是研究领导科学和管理科学中遇到的重要题目，正确把握二者的关系对于深入研究领导学有着重要意义。对领导的定义需要区别于管理的定义，参考管理的定义有助于我们更好的理解领导的本质。当前，国内外相关学者、专家的认识可归纳为以下几个方面：**一是领导高于管理**。有许多研究领导学的专家持有这种观点，在他们看来，领导者的职责是制定组织的战略目标、选用好组织的骨干人才、引领方向、统筹全局，是一个组织中最高层次的活动。因而，管理活动是低于领导层次的活动。**二是管理中包含着领导**。有的管理学家认为领导活动是管理中的一种职能。如哈罗德·孔茨（Harold Koontz）在《管理学》（*Management*）中提出："指导与领导是管理工作中的一个方面——人际关系，它引导下属人员有效地领会和出色地实现企业的既定目标。"**三是领导与管理既有区别又有联系**。领导活动明显具有不同于基本管理过程的职能，但这种区别是相对的，二者的关系是密切联系的。美国著名管理学家托马斯·贝特曼（Thomas S. Bateman）在《管理学》（*Management*，第4版）中提出："战略领导是为企业指定目标，确立其存在价值。现代企业环境要求其中每一个人都站在战略的高度上思考，并完全作为商人行动。战略职能对企业每一个员工都提出了要求，而不是仅仅限于高层领导"。

一、管理的基本概念

若要说明领导与管理的区别和联系，我们应当对管理学的概念进行一些基本的学习和了解。

在管理学产生和发展的历史过程中，学者们给管理下过多种定义。20 世纪初至 30 年代，在美国、法国、德国诞生了具有奠基人地位的三位世界级管理大师，他们是："科学管理之父"——泰勒，"管理理论之父"——法约尔，"组织理论之父"——韦伯，他们的管理理论和管理思想开创了科学管理理论的先河。泰勒给管理的定义是："确切地知道你要别人做什么，并使他们用最好的方法去做"。其管理理论的中心思想是，指挥他人用最好的方法工作，从而提高生产效率。

法国人法约尔是对管理定义真正产生重大影响的人，他所阐述的概念和思想，在其名著《工业管理和一般管理》出版后，整整影响了一个世纪。法约尔认为，管理是所有的人类组织（不论是家庭、企业或政府）都有的一种活动，这种活动由五项要素组成：计划、组织、指挥、协调和控制。法约尔管理思想的重要贡献在于注重管理过程和明确提出了管理的五项职能：计划就是预测未来并制定行动计划；组织就是对影响企业发展的物和人的活动进行统筹；指挥就是组织人员发挥积极作用；协调就是将所有的组织活动统一和谐起来；控制就是注意使所有工作都能按照预定计划完成。其管理理论成为管理过程学派和组织理论的重要基础。

韦伯是社会学学者，也是组织管理理论专家。他出版的《新教伦理和资本主义精神》（*Protestantism Ethics and Capitalist Spirit*）一书，澄清了资本主义制度精神产生的基础，是他最主要的研究成果之一。他在组织理论方面也有很大成就，他认为应当成立按照某种固定的等级制度的组织，才能较好地改善当时不公平的社会现象，才能够形成健康的工作环境，进而为社会大多数人服务。他对领导制度、人事关系、劳动分工，以及权利的归属和责任问题都进行了分析。20 世纪以后组织的发展越来越复杂，社会机构也越来越精细，更进一步验证了韦伯对于行政组织理论的重要性和正确性。

诺贝尔经济学奖获得者、美国的赫伯特·西蒙（Herbert Simon）教授认为决策贯彻于管理的全过程，他对管理的定义是，"管理就是决策"，这也成为管理学中的一句名言。并且西蒙也提出要以"令人满意的准则"代替"最优化准则"作为决策制定的依据。其管理理论的重要特点是重点分析管理活动的一般特征，明确提出决策是贯穿于组织活动整个过程的核心内容，管理者所做的一切工作归根结底是为了实现未来目标并依据实际情况做出正确的决策。

这里尤其要提出的是美国当代管理大师、经验主义管理学派主要代表人物彼得·德鲁克（Peter F. Drucker）。他在《管理的实践》一书中提出："管理的第二种职能是利用人力和物质资源造就一家能创造经济价值的企业"（2006，P17）。德鲁克及其经验主义（又被称为经理主义）管理学家们，大多既是管理学家、经济学家、社会学家、心理学家，又是大企业董事长或总经理，其基本管理思想主要以大企业管理经验为研究对象，通过分析研究管理中的成功与失败，了解管理中存在的问题并进行有效的管理。他们认为，"归根到底，管理是一种实践，其本质不在于'知'而在于'行'，其验证不在于逻辑，而在于成果；其唯一权威就在于成就"（1987，P7）。

我国知名管理学专家芮明杰教授在其主编的《管理学》一书中给管理所下的定义为："管理是对组织的资源进行有效整合以达成组织既定目标与责任的动态创造性活动。""管理的核心在于对实现资源的有效整合"。其定义首先强调了管理的内容和基本手段是有效的配置资源，其次通过管理实现组织的目标，同时强调了管理的动态性和创造性。

二、领导与管理的区别

领导与管理首先是各有自己的特殊性，才能形成领导学、管理学各自具有不同研究对象的学科。依据中外领导学家的研究，领导与管理的区别主要有以下几个方面：

1. 领导关注组织活动的方向，管理关注组织活动的过程

一个优秀的领导者在其领导活动中更注重组织的发展方向，要深入分析判断形势，科学预见未来，制定战略目标，构建共同愿景，领导者是运用价值、理念去推动组织的改革与发展，其结果是实现了组织的重大变革，引导组织走向一个个发展的新阶段。

管理者关注组织活动的过程，他们面对已经确定的战略目标，详细安排工作计划，划分工作任务阶段，制定实施的具体措施，推进任务的展开与落实。管理者主要是运用计划、规章制度推动各项工作，认真维持组织内部的严格秩序，一步步地接近或实现组织目标。美国前总统尼克松在《领导者》一书中说："一位领袖只知道

什么是正确的事是不够的，他还必须能够做正确的事。对做出正确决定缺乏判断力或洞察力而又想当领袖的人，常常因为缺乏远见而导致失败。知道什么是正确的事但又做不到的人，常常因为他们软弱无能而导致失败。伟大的领袖既要有远见，又要有能力做正确的事。”在此基础上他又强调领袖“可以雇佣经理来帮助他完成上述任务，但只有他自己才能制定方向，提供动力。”“经理代表的是一个进程，领袖代表的是一个方向。”美国管理学家沃伦·本尼斯指出：“经理们的目标是必须把各种事情办得正确，领袖们的目标是必须做正确的事。领导关注的是方向、前景、目标、意图、目的和效果这类正确的事情；而管理者则致力于效率、方式和短期的效应。”总之，领导具有超前性，管理具有当前性。

2. 领导要求做好正确的事，管理要求将事情做正确

这两句话对组织活动有着本质的差别。前一句话告诉我们所做的重要事情与组织发展目标密切联系，符合组织目标的要求，能为组织全局创造利益。一些不符合组织目标的事情对于组织发展就是不正确的事情，如：有些事情对局部或小团体有利而损害了整体利益，做这样的事情就是做不正确的事情。后一句话是说管理者从其职责要求出发，将已经组织确定的重要事情做好做正确，并不关注事情本身是否正确。总之，领导具有全局性，管理具有局部性。

3. 领导着眼于长远的效益，管理更看重眼前的效益

领导要规划组织的战略目标，集中精力抓大事，所关注的是组织的长远效益和整体利益，使组织能够可持续发展。管理在一般情况下更看重眼前效益或既得利益，最极端的甚至可以为了获得局部和眼前利益而损害整体和长远利益。如，在我国已经出现的大批小化工厂、小造纸厂严重污染水源和环境的问题，乱挖乱采的小煤窑、小矿山而严重破坏我国资源的问题等，就是一些管理者为了眼前和小团体利益而损害全局和后代子孙利益所造成的恶果。整个社会对这些问题将会付出惨重的代价。美国领导与管理专家、卡普·戴姆有限公司（Carpe Diem Ltd）董事安娜蓓尔·碧莱尔（Annabel Beerel）在《领导与战略规划》一书中指出：“不少企业声称，组织管理有余而领导不足。主要原因是，管理者过分注意短期的结果；而领导者则更多地考虑长远的未来。管理者所追寻的是有序和稳固，他们努力解决问题，尤其是解决技术性问题，而领导者促动变

革，为企业确立新的方向，寻找新的机会。”

4. 领导注重培养、调动人的自觉性、主动性，管理注重对人员的控制

在研究领导定义中已经明确领导是一个过程、是一种影响力、是下属群体自觉的追随。因而，领导者要实现目标，要抓好大事就必须充分调动各方面的积极性，要相信人才、尊重人才、培养人才，充分挖掘人才的潜力。高明的领导者不可能也不会事必躬亲，要善于向下属授权，通过实际工作培养提高骨干队伍。从这方面说，领导是超前性的管理，是软管理，其工作方式呈现出一种非规范化、非程序化、非模式化的特点。管理者的职能主要是贯彻领导的决策，因而就必须考虑执行过程中的每一个细节，也就是当前流行的一句管理学名言“细节决定成败”，并制定多种预案和具体措施来解决问题，这对管理者来说是非常重要的职责，绝非小事。管理者通过管人来管理财和物，以整合物质资源，挖掘物质资源的潜力，实现工作运行的最大效益。因而，其对所属人员的管理主要靠严密的规章制度去约束，注重所属人员的高度的专业化、分工化，注重所属人员的协调一致和服从。以上看出，管理具有现实性、硬性的特征。其工作方式呈现出一种规范性、程序性、可操作性。

最后，对于领导与管理的区别，美国管理学家沃伦·本尼斯这样概括：“管理者寻求稳定，领导者探讨革新；管理者循规蹈矩，领导者独辟蹊径；管理者维持现状，领导者提高发展；管理者注重企业结构，领导者注重人力资源；管理者依赖控制，领导者激发信任；管理者目光短浅，领导者目光远大；管理者重视原因和方式，领导者重视事情和原因；管理者盯着结果，领导者看到希望”。

三、领导与管理的联系

领导与管理既存在着区别又有着密切的相互联系，领导与管理在组织运行过程中并不是也不可能是泾渭分明的，领导与管理的区别是相对的。学者德鲁克认为，有效的管理者和优秀的领导者基本是相同的。我国的领导学家有的认为，领导是战略性的管理、领导是高层次的管理、领导是超脱性的管理。领导与管理的联系主要应体现在两个方面：

1. 领导与管理在组织活动中有许多工作是重叠的，具有较大的相容性和复合性。面对一项组织的重大任务，当组织者制定战略

目标、建构骨干队伍、影响群体建立共同愿景等工作时他们就是在进行领导；当组织者在制定计划、采取具体措施去落实战略目标要求时，他们就是在进行管理。因而，一个组织的重要活动既不能没有领导，也不能缺少管理。若领导力很强而管理较弱可能会出现组织的远景目标明确但具体计划缺乏，改革冒险精神很强但组织内部秩序混乱、工作效率低下的局面。反之，管理很强而领导不力，就会注重当前效益和短期工作计划，组织缺乏明确的战略目标和长远发展的潜力；注重细节、秩序和控制而缺乏改革精神，缺少自主创新能力，其结果必然是组织的衰退。

2. 在一定条件下领导者与管理者的身份是相互交叉的。在一般情况下，大多数领导者具有双重身份，面对上级领导是被领导者和决策的执行者，面对下级人员是领导和决策者。他们既要作领导者又要作管理者。在本组织活动中要完成一项重大任务，组织者既要制定好战略目标、做出重要决策，同时又要制定实施计划抓好落实。一个有效的管理者和优秀的领导者都不会只注意目标而不顾结果，也不会只注重结果而不了解完成这个结果是为了什么。

第二部分　领导理论主要流派

第四章　领导特质理论

特质理论（trait school of leadership）是西方管理学家、心理学家从20世纪30年代进行的领导力研究的代表性理论之一。特质研究主要关注的是领导者的天生品格和应具备的素质，从领导者不同于其他人的特质角度去研究认识领导。认为一个人之所以成为领导主要是其有着一般人不可比拟的天赋，如理想目标远大、意志坚定、智慧过人等等。

这一理论的出发点是：领导效率的高低主要取决于领导者的特质，那些成功的领导者一定有某些共同点。根据领导效果的好坏，找出好的领导者与差的领导者在个人品质或特性方面有哪些差异，由此就可确定优秀的领导者应具备哪些特性。或者通过对成功领导者应具备特点的分析，再考察某些组织当中的领导者或者候选人是否具备对应或者相联系的特点，就能预测他是否能成为一个合格或者优秀的领导者。长期以来，西方的管理学家们通过研究领袖人物来认识领导者的特殊品质，如通过归纳分析法，研究美国总统林肯、罗斯福，英国首相丘吉尔，印度圣雄甘地等伟人们，形成了“伟人说”的理论，总结出了领导者个人的品格和特征，作为评价领导者取得成效的基本因素，进而成为招聘、选拔领导人员重要标准和条件。

一、领导特质的内涵

沙卡罗（Stephen J Zaccaro，2007）及其他学者在研究了19世纪以来，尤其是1990～2003年间的领导特质研究论著之后认为，“特质”这个提法，首先在含义上就存在一种不确定性，涵盖范围广，存在含义不明和容易混淆的问题，但是综合考虑近年来学者从心理学等角度对特质进行的定义，领导特质仍然可以被表达为“相对稳定和连贯的个人性格综合体，在一系列不同的团体和组织情境中，产生出一贯的领导力业绩模式”（安东纳基斯等，2007）。

20世纪20～30年代期间，人们开始关注能够有效区分领导者和非领导者的理论，这也是最早对领导活动及行为进行系统研究的尝试。研究依据和方法是从优秀的人物身上寻找共同的东西，人们希望了解：为什么他们能够成为领导？什么是领导力的决定因素？领导者区别于普通人的原因到底是什么。研究初期选取了许多与特质有关的变量，例如智商、外貌、个性、体能等，并且早期的研究注重类型描述研究，所涉及的特质内容也非常广泛。但随后发现，在实际的管理过程当中，领导者身上的这些特质与具体在管理过程中的表现存在不一致。由于研究人员出发点不同，以及面对不同的研究对象，在不同的场合下，往往有着不同的研究结论。因而难以有效地总结归纳出有说服力的、能够被证实的理论。

但强调领导者具有一定特质对于领导活动卓有成效仍然至关重要。领导者是我们社会的“领路人”，是公众心目中的特殊人物，领导者应有与众不同的特质，能领导大家做出非凡的事业。组织领导层的职位，用特质理论的要求挑选合适的人选，将会提高整个组织的工作效率。从组织的发展需要来说，组织可对某个特定职位设定一些特质的要求，成为选拔不同领导岗位人选的重要手段。特质理论也可以被领导层用于对自己的认识和发展，他们通过对照特质理论分析自己，以了解自己的优点和不足，调节自己的行为，为了更好的适应环境而进行有力的自我调控。

领导特质理论的不足方面有：一是过分强调了领导者个人的特质而忽视了客观情景因素对领导成效影响的作用；二是注重了领导者的作用而忽视了其下属的需要和自觉的跟随、配合，在领导过程中形成合力而显现出的那些组织的整体的力量；三是对领导特质研究虽然经过100多年产生了丰硕的成果，但到目前为止仍然无法给领导特质做出界定，现有研究成果总是呈现出一定的随意性和不确定性；四是领导特质理论是和个人天赋论密切相关的，它不但提倡了在组织活动过程中领导者个人的主观决定论，而且极大地削弱了对管理层人员的培训作用，因为，特质在本质上既然属于个人天赋，是个人相当稳定的心理结构，那么后天的学习教育发挥的作用就被人为弱化了。

二、特质理论的研究成果

管理学家斯托格迪尔于1948年和1974年对该理论两次进行了调查，他在第一次调查中综合分析了从1904年到1947年之间的124个领导特质研究，其研究结果提出了担任领导角色的人与一般人相比有8个方面的特质。他在第二次调查中综合分析了从1948年到1970年间的新的163个领导特质研究，在第二次研究结果中，他提出领导者的特质共有10个方面的内容。这里要特别说明的是，斯托格迪尔在第一次调查中曾提出领导行为主要是由情景因素决定的，而非个人因素。他在第二次调查中提出，领导特质因素和情景因素都与领导行为有着十分重要的关系。

美国西密歇根大学著名沟通交流学教授彼得·诺思豪斯对上述研究涉及的领导特质理论进行了系统的分析和总结，并提炼出了一些被认为是最重要的特质，其中包括：智力水平、自信心、决心、正直、社会交往能力（彼得·诺思豪斯，2002）。并对这五种领导特质进行了详细的分析。他指出：第一是“智力水平与领导行为有着正相关的关系。一个领导者如果具有良好的表达能力、知觉能力以及推理能力，就会使他（她）的领导工作做得更好。”他还指出“领导者的智力水平不应该与他的下属相差太大，在许多情况下，如果领导者的智力水平与追随者的智力水平存在着太大的差距，这可能对领导行为产生一定的反作用”；第二是“自信心是有助于一个人成为领导者的另一个特质。自信心是一个人对自己的能力和技能感到确信的能力。它包括自尊感和自信感，以及自己能超越一般人的信念。”第三是“决心是指完成某项工作的愿望，包括创新性、坚持不懈、支配欲和内驱力等特质。每个具有决心的领导者都愿意表现自己，他们在活动中往往非常活跃，在挫折和困难面前能够不屈不挠”；第四是“正直就是诚实和值得信赖，那些具有强烈的原则性和对其行动具有责任感的人会表现出正直的特质”、“正直会使领导者让人感到信任”；第五是“社会交往能力是指一个领导者寻求愉快的社会关系的倾向。具有良好社会交往能力的领导者往往使人感到十分友好、开朗、礼貌、得体和老练。他们能敏锐地觉察他人的需要，能关心他人的生活”。

还有一些管理学家如曼恩（Mann）、柯克帕特里克（Kirkpatrik）和洛克（Locke）等都进行了相似的研究。曼恩对1400多个小群体中的领导个性和行为进行了分析和研究；柯克帕特里克通过研究提出了领导者不同于非领导者的六个方面的特征，并说明，领导者可能生来具有这些特质，也可能学得这些特质，或者这两种可能都有（1959/2002）。

根据学者沙卡罗等人对1993～2003年间领导特质实践研究的成果的分类①，他们把领导特质类型分为5类：认知能力（cognitive abilities）、个性（personality）、动机（motivation）、社交评估（social appraisal）、人际技能（interpersonal skill）、领导专长（leader expertises）、潜藏知识（tacit knowledge）等（约翰·安东纳基斯等，2007），从其他中译本，以及中国学者研究成果教材来看，这五个大类基本上涵盖了领导特质的一般内容，其中智力、个性、动机是三个主要方面。

（一）领导力与智力特质研究

美国心理学家、耶鲁大学心理学教授斯滕伯格（Robert J Sternberg）采取新的方法，对传统智力理论进行了研究，从19世纪80年代开始提出了智力三元理论（Sternberg，1985，1997，2002，2003a，2003b）。他指出，人们在解决复杂问题时，主要有三种智力类型，包括分析型智力、实用型智力、创造型智力。分析型智力是一般意义上人们用于解决问题的能力，表现出来的是这个人在学校期间学习成绩较好、学习能力强、能够快速看出问题之间的联系。而实用型智力可以看作在学校期间学习成绩不好，能力不强、但毕业之后却能够快速针对现实问题提出解决方案的一种能力。其他的心理学家理查德·哈格斯（Rechard L Hughes）和罗伯特·吉纳特（Robert C Ginnett）、戈登·柯菲（Gordon J Curphy）在他们的论著中也对这两种智力对比列举了一个例子。他们认为，即便计算机天才能够解决最高深的电脑技术问题，可是当他呆头呆脑的在纽约市中心迷路时，甚至不比一个知道如何走出街头小巷的小孩聪明多少。

美国广播公司（NBC）播出的真人秀节目《学徒》在制作第三

---

① 这里所归纳的领导品质类型主要建立于学者Munford，Zaccaro，Harding，Fleishman，和Reiter-Palmon（1993），以及Mumford，Zaccaro，Harding，Jacobs和Fleishman（2000）所作的研究成果基础之上。

季的时候，曾经组建了两个销售团队作为当季节目的核心，一个团队是由毕业于牛津（Oxford）、哈佛（Harrard）、麻省理工学院（MIT）的高材生构成的“学院派”，一个团队是由曾经在小学、高中、大学期间辍学的街头青年构成的“街头派”，他们在节目当中表现出了不同的个人能力。虽然“街头派”的年薪是“学院派”的3倍，但是最后仍然是一个“学院派”的队员获得了竞赛的胜利，整期节目就可以看作是分析型智力的高材生和实用型智力的街头派互相比拼的一场实战案例（2007）。

至于第三种智力，即创造型智力，是一个人能够创作全新的、有用的作品的能力。不过这种智力能力并不是每个人都能拥有。斯滕伯格也指出，智力尤其是创造型能力，在测量和周期性变化上存在不确定性。换句话说，作家的灵感总有枯竭的时候。

英国阿尔斯特大学（Ulster）名誉教授理查德·林恩（Richard Lynn）通过广泛调查，对世界上不同的人种智力进行了研究，指出创造型智力有7项构成内容：协同能力、分析性智力、实用性智力、思维方式、人格因素、内在奖励和环境因素，根据斯滕伯格本人（2003a，b）以及他和卢巴特（Robatel，1996）的研究，缺少前三项其中任意一项的领导者在创造性上都要逊于拥有这三项的领导。

领导智力理论的主要作用在于要在早期进行智力的训练，从而影响个人的行为方式，形成外在的习惯与思维，国外也有组织将领导和管理人员的智力水平测验作为人才检测的一部分，并且开发了各种智力测试量表，韦氏智力测试表（Wechsler Intelligence Scale）、临界特质分析系统（Threshold Traits Analysis System）等。

（二）领导力与人格（个性）特质研究

由于伟人论等早期观点普遍认为领导者与被领导者存在差异，因而大量研究都针对领导的个性进行了研究。而现代心理学的发展，人格测验的兴起，直接促进了对领导者个性的研究，其中两个主要的研究是大五模型研究（Five-Factor-Model，FFM）和迈雅斯——布雷格斯类型指标研究（MBTI：Myers-Briggs Type Indicator）。

通常我们听到人们评价某人人格如何，例如一个人“人格很健全”、英勇献身的人有着“高尚的人格”，直觉上往往感觉到人格是一种更加偏向内在的、精神的上的词汇，那么，什么是人格？在归纳不同的学者的理论研究基础上，人格可以被定义为“个体在社会化过程中，经过遗传与环境的相互作用而形成的比较稳定和独特的行为模式”。而罗伯特·霍根（Robert Hogan，1991）认为人们对人格的概念混淆不清，常见的概念至少有两种：一种是一个人带给别人的印象，另外一种是一个人所拥有的隐蔽的、不可见的结构，并影响行为方式的生成。

学界研究人格和领导特质的关系，也是基于人格在个体先天自然行为当中所占有的重要程度。学者宋合义、富萍萍、谭乐在归纳西方领导力研究的140篇实证文先后提出，人格是国外学者研究的主要关注点之一（Zaccao 等，2004），人格特质在众多领导特质当中比较稳定，并且能够解释不同领导者个体在不同情景当中的具体行为。

1. 大五人格模型

虽然在早期，人们通过描述性总结和海量举例试图覆盖领导特质的全部影响要素，但是随后发现了领导特质的两个问题：第一，领导者与被领导者在基本素质上的差别不大；第二，有一些素质与领导者的成功具有一定的关系（Stogdill，1948）。早在1915年，这些素质就被马克斯·韦伯归纳为5个宽泛的主要类型（Deary，1996）。随后被其他学者陆续通过测量得出了相似的结论。该5个类型最终被归纳为大五人格模型。

人格大五模型用于描述和分类大多数人的基本人格特质。包括以下5个内容，这5个特质的字母合写是OCEAN，心理学类著作当中通常将其称作“人格的海洋”。

①经验开放性（openness/intellectance）；②责任心（conscientiousness/dependability）；③外倾性（extraversion）；④随和性（agreeableness）；⑤情绪稳定性（neuroticism/adjustment）。

在这五类因素当中，开放性是对于领导行为而言最重要的一种素质（Richard，2007），能够在陌生的环境中敢于选择更有战略性和挑战性的方法来解决问题，并且更愿意面对未知的挑战，而这种情况正是现代组织在复杂多变的环境下，往往要经常面对的情况。

表1　大五特质量表及举样①*

特质量表	高分者的特征	低分者的特征
开放性（O）：评价对象的好奇心、学习方式、求知欲、以及应对竞争的态度、探索未知的可能性	好奇，兴趣广泛、创造力创新性强，有前卫精神，富有想象力	想象力弱，更加实际，注重行为的有效，而不愿意创新，兴趣面更窄
责任心（C）：评价对象在行动上的可靠性和持久性、设计到与一个人工作方法有关的行为方式，以及是否有计划、努力的工作，并且愿意负责到底	思维清晰、有条理、勤奋、自我约束力强、很少陷入麻烦、更能体现管理能力而不是领导能力	容易受到外在因素的影响，冲动而有创新力，随意性强，一直负责到底的可能性小
外倾性（E）：用于评价喜好交际程度、人际间互动关系的强度、对他人的影响力程度	社交能力强、健谈、兴致高、开朗、喜欢外出活动、乐观	愿意独自工作、对影响和改变他人动力不大，与世无争，不喜欢成为公众关注的中心、理性、谨慎
宜人性（A）：评价与他人融洽相处的能力，团队长期合作的可能性	随和、积极思考、乐于助人、不排斥与自己意见不同的人	紧张、多疑、控制欲强、较难合作、条件多、要求高
情绪稳定性（N）：评价自我控制能力、面对压力、挑战的态度，以及处理问题的精神的稳定性和持久性	能够自我缓解压力、积极寻求解决问题的方法，坚忍不拔，自律细心、能够克服苦难完成目标	缺少目标感、面对压力会出现紧张、焦虑、烦躁等情绪、意志力不强

*学者爱德华·霍夫曼（Edward Hoffman）认为，亚洲成人的性格中有大五模型未包括的、欧美人通常缺乏的第六大特质：孝顺。

大五人格模型不仅能够描述领导的类型，将被测试者进行分类，而且能够通过对被测试者行为的概评，了解被测试者都尚未察觉的信息。并且测试者通过比照了解自己的个性特征，能够有效洞悉自己在工作中的特点，有利于反馈并调节、改善自己的行为。《领导学：在经验积累中提升领导力》一书甚至不仅针对大五模型

① 部分内容参考《领导学——在经验积累中提升领导力》和《人格心理学》、《人才心理测评》等著作成果。

专门研究了高分情况下成功的领导模式，也针对失败的领导在这五种因素上进行了分析，称之为“人格的黑暗面”（理查德·哈格斯，2004）。就像托尔斯泰（Lev Tolstoy）说的那样，幸福的家庭都是相似的，不幸的家庭各有各的不幸。似乎也可以说，成功的领导都是相似的，失败的领导总是有这样那样的问题。

虽然这五类因素在学界还有不同的解释和类型，并且学者们也针对大五模型提出了质疑，例如，缺乏理论基础、只是描述性模型而非解释性模型（蒋莉，2007），并且也不能够完全适用于不同的文化环境。随着心理学、行为学的发展也出现了用7种、12种人格因素来进行测试的研究，但大五模型对于领导力的研究，不仅是对现代心理学和管理学的贡献，也为其他研究提出了新的问题和挑战。

2．迈雅斯－布雷格斯人格类型指标①

迈雅斯－布雷格斯人格类型指标维度研究建立在心理类型理论基础之上，是评估与信息、专长、决策有关的4个类型的喜好的研究。

心理类型理论最早在1913年由荣格（Darl Gustav Jung）提出。荣格认为人有两种态度类型：内倾和外倾，并于1921年提出了4种功能类型，基于理性基础上的思维功能和情感功能，基于非理性基础上的感觉功能和直觉功能。荣格将态度类型与功能类型相结合，提出了8种个性类型：外倾思维型、外倾情感型、外倾直觉型、外倾感觉型、内倾思维型、内倾情感型、内倾知觉型、内倾感觉型。

美国心理学家布雷格斯（Katherine Cook Briggs）和迈雅斯（Isabel Briggs Myers）母女在荣格提出的基础上，增加了判断和知觉两种类型，因而组成了16种个性类型，归纳为《迈雅斯－布雷格斯类型指标》一书，进一步提出功能等级等概念，并有效的为每一种类型确定了其功能等级的次序，提出了类型的终生发展理论，为心理类型理论作出了新的发展。MBTI能够对人格功能模式作出阐述，提供全面而又自成体系的解释，因此被频繁的用于心理研究、教育、咨询等领域，并被证实具有很高的效度和实用价值（唐薇，2003）。MBTI包括4个维度，4个维度又互相构成了16种人格

① 感兴趣的读者不妨去测试一下自己的人格类型，在多次测量的情况下，可能结果会有所偏差，这也说明了人格本身的复杂性存在更大的理论空间。

类型：

（1）感觉与直觉维度（sensing vs. intuition）

作为理解世界的两种方式，感觉偏重于从味觉、嗅觉、听觉、视觉、触觉来获取知识，着重于当下的感觉，重视事件的细节和事实，较少在没有事实根据的基础上去推论问题，重视当下、重视直接接触到事实。

直觉偏重于结合一定的信息去推断，不会过多纠缠于过去，重点关注未来，期盼不确定性，追求挑战。

（2）外倾与内倾维度（extraversion vs. introversion）

外倾与内倾维度是与人们如何关注社会、如何反省内心、如何关注注意力有关的维度。外倾维度指人的精神力和注意力集中在外部环境，倾向于通过大量的活动和实践来进行思考。

内倾维度指人将精神能量放在内部环境，倾向通过思考和内省来了解世界，相对保守、安静，不愿意去接触外在的世界，相比较外倾维度的活跃程度而言，谨慎和小心是内倾维度的基本特征。

（3）思维和感受维度（thinking vs. feeling）

这一维度关系涉及到人们决策的方式。思考维度偏爱逻辑、理性决策，习惯按照推理和逻辑关系辨别事情的本质，在进行决策时，把个人情感需求放在一旁，从局外人角度考虑事情的公正、理性、客观，而不太看重可能会伤害到别人的情感、自己的个人得失、与其他人的协调。

感觉维度是指喜欢依赖个人价值观和情感反应进行决策。喜欢根据自己与周围人的关系、个人的原则来作出决定，相对而言更加主观。

（4）判断和感知维度（judging vs. perceiving）

判断维度重视计划和程序的合理、喜欢事先安排好的、有条理的行为，而不太愿意随机应变，处理临时的事务。

感知维度在对外在环境和为人处世上，比判断维度更加灵活和自由，对事物更加随性，做事情不会按照某种规律和头绪，不太重视计划好的日程，生活姿态较为随意。

表2 MBTI 16种完整人格类型表

		感觉型		直觉型	
		思考	情感	思考	情感
		感觉思考型	感觉情感型	直觉情感型	直觉思考型
内倾性	内倾－判断	ISTJ 内倾感觉 思考判断型	ISFJ 内倾感觉 情感判断型	INFJ 内倾直觉 情感判断型	INTJ 内倾直觉 思考判断型
内倾性	内倾－感知	ISTP 内倾感觉 思考感知型	ISFP 内倾感觉 情感感知型	INFP 内倾直觉 情感感知型	INTP 内倾直觉 思考感知型
外倾性	外倾－感知	ESTP 外倾感觉 思考感知型	ESFP 外倾感觉 情感感知型	ENFP 外倾直觉 情感感知型	ENTP 外倾直觉 思考感知型
外倾性	外倾－判断	ESTJ 外倾感觉 思考判断型	ESFJ 外倾感觉 情感判断型	ENFJ 外倾直觉 情感判断型	ENTJ 外倾直觉 思考判断型

（5）16种特质对应说明

在布雷格斯的那个年代由于没有对应的能够有效测量人格类型的方法和指标，他们不得不自行设计方法、划分人格类型偏好，但是时至今日，这16种人格类型仍然能够涵盖大多数被调查人群的特质，具有很强的指导意义。

ESTJ（外倾感觉思考判断型）

对外界的新鲜事物有着持续热情，这是因为他们对外界的客观现象有着最敏锐的感觉，他们接受分析和判断过的事实，无论是思维方式还是处理事情，都能够保证细致和耐心。他们对立竿见影的结果有着较强的满足感，虚拟和抽象的事情会降低他们的热情。

ENTJ（外倾直觉思考判断型）：他们与上一类人最大的差别在于直觉即跳跃性思维和超前思维能力上。他们更加关注解决问题的新的方法，不会满足于固守不变的工作，具有较强的领悟力，对宏大场面和全局事务有着较强的兴趣，也愿意尝试理论性较强和较为抽象复杂的问题。

ISTP（内倾感觉思考感知型）：这一类型对于实践活动尤为感兴趣，由于他们对于世界的态度首先是要分析和思考，而不是直接上手操作，因此他们在思考后的行为具有很强的逻辑性和坚定性，能够坚持到底。不过他们也不是单纯的做事情，也会不断思考提升效率和质量的方法。

INTP（内倾直觉思考感知型）：内倾直觉思考感知型能够对抽象的领域有实践性的进展，并且能够持续在思考方式上进行拓展，而不是将脚步停止下来，并且由于对于抽象的理论的思考过多，他们有时候会把问题弄得过于复杂。他们应当在一定程度上着眼于客观现实，这样才不至于在思考的道路上走得太远而偏离行动的主线。

ESFJ（外倾感觉情感判断型）：由于感觉特质偏向于具体的事物，情感特质偏向于对实际生活的触动，因此吸引这一类型关注的是具有直接细节了解和直接接触机会的事情。布雷格斯体系认为这一类型能够积极热忱的“为别人服务”，能够对他人提供尽心尽力的帮助。是典型的“雷锋”和“老好人”形象。

ENTJ（外倾直觉情感判断型）：外倾直觉情感判断类型对外在新事物具有普遍的兴趣，一方面因为跳跃性思维让他们具有较强的创造力，而外倾情感使得他们并不挑剔工作或岗位。他们对于外在事物具有更好的理解度和包容度，因而能够以“心理治疗师”的形象倾听和解决任何问题。

ISFP（内倾感觉情感感知型）：这一类型给人的感觉是低调，是因为他们习惯于谦虚，能够对现实有全面的了解，并寻找与现实接触的实际的机会。这一类型的职业代表是“全职医生”。

INFP（内倾直觉情感感知型）：布雷格斯人格类型认为，这种人一方面是善于与人打交道，另外一方面有语言天赋或者文字创作的天赋，因为内倾的特征是他们显得更为独立，因此他们对于事物独立考虑和洞察的创意明显要强于其他类型的人。

ESTP（外倾感觉思考感知型）：这一类型对外部环境有着准确的逻辑判断，具有较强的思维能力，对周围事情喜欢真听、真看、真感受，并且由于并不会依靠感性原则来处理事务，因此不会过多纠缠于事情表面的现象，而是能够寻找问题的关键所在，做到趋利避害。对于电子设备、机械设备天生也有一种亲切感。

ESFP（外倾感觉情感感知型）：外倾感觉型的特征是善于与外界交流，能够从社会生活中获取有益的经验，心思并不完全在于照本宣科的学习，并且非常懂得生活，具有团队学习生活能力。

ISTJ（内倾感觉思考判断型）：内倾感觉类型的人工作都很努力，能够耐心处理各种事务，并且有坚持到底的韧性。他们会细致入微的逐项处理复杂的事务，并且即便有些事情不在自己业务范围，或者自己并不感兴趣，但是因为意义重大，他们也会尽力去做。该特质突出的职业是会计、律师。

ISFJ（内倾感觉情感判断型）：这一类型的特点是爱心、体贴、帮助、关怀，能够在真情实感的交流当中与他们形成情感上的共鸣，他们能够做好外部世界和内心世界的平衡，感觉情感特质使得他们事无巨细，能够做好最基础的甚至是其他人觉得枯燥的工作。该特质突出的职业之一是护士。

ENTP（外倾直觉思考感知型）：外倾知觉思考感知型有一种持续创作和工作的欲望，有着特殊的创造力，使得他们的精力比一般人更广泛，也有良好的人际影响力，愿意寻求对于困难的解决办法，对自己的计划很有信心。也能体现为管理者的一种执行力。

ENFP（外倾直觉情感感知型）：这一类型比思考感知型更加热情与外向，更加善于解决别人的问题，与他人的交流也更加热情，应变能力较强，灵感丰富，但是有时候会被当作兴趣多变，三心二意。

INTJ（内倾直觉思考判断型）：内倾知觉思考判断型人格擅长条理性较强的工作，并且对于复杂的问题尤为关注，他们的天赋对工作能够起到主要的支持作用，此外，他们的特立独行既能够为工作带来创新，也容易造成孤立，在人际交往中产生负面作用。

INFJ（内倾直觉情感判断型）：虽然这一类型条理性也很强，并且个性化也很明显，但是他们对于下属和职员的关心，有时候会让人们认为他们是外倾的某种类型。他们也会关注外部集体的利益，也能够融入群体讨论和工作当中，但是他们自己内部的个人特征仍然被外部表象所掩盖。

（三）领导动机特质研究

1. 成就动机理论

早期的领导动机研究（achievement motivation）包括马斯洛的人本需求理论，以及赫茨伯格（Frederick Herzberg）的保健激励双因素理论，以及维克托·弗鲁姆（Victor H. Vroom）的期望值理论，在对领导动机的研究上，研究者们一般关注领导者的权力需求、支配需求、成就需求、归属需求、责任需求等（Zaccaro，1999，

2001)，其中主要的理论包括麦克莱兰（David Clarence McClelland）的成就动机理论。

麦克莱兰早期研究关注人的社会动机，与其他心理学、精神学动机研究不同，他更倾向突破对于动机的假设的局限，不再局限于某些简单的需求例如本能上。但是在研究过程中他发现，具有强烈成就动机的人却很少成为领导者，成就能力强，领导能力就弱，成就能力和领导能力似乎是一对矛盾因素。他将这种原因归结为，成就能力强的人喜欢集中注意力，独立完成事情，而不喜欢他人参与，这恰恰与领导的特性相反（卢欢，2009）。因而麦克莱兰逐渐改变研究方向，开始关注人的高层次需要，例如人对于权力的需求上。在社会动机研究的基础上，麦克莱兰结合前人研究成果，认为人在一生当中各种需求会因受到外界影响而发生变化，但主要需求类型包括三类：成就需求、权力需求、亲和需求。

成就需要（need for achievement）：希望事情能够尽快处理、问题能够得到解决、尽快取得成功、做得最好的需要。

权力需要（need for power）：希望能够独立的控制或者影响他人的需要。

麦克莱兰认为人的权力需求具体包括两类，即存在两种权力动机：一种是个人化的权力动机，另外一种是社会化的权力动机。拥有个人化领导动机的人，将权力视为自己个人人生追求的目标、倾向用权力控制他人、关注个人的影响力，专断甚至专制、往往有着一批听话的或者阿谀奉承的下属，甚至会过于关注个人权力而不愿承认事情的真相。拥有社会化动机的人，倾向于冷静处理权力范围内的事情，不是直接控制他人，而是以他人的利益为重，以个人的魅力和模范作用影响他人。

亲和需要（need for affiliation）：希望维系在人际关系上彼此友好、与他人保持融洽的需要。

麦克莱兰认为，传统的测量方法过于学院化，偏重一般治理和常规技能，缺少有效性。比如，在测试中智力超常的人，不一定能够做出发明创造，知识水平较高的人，不一定能够做出相应的成就（王莉芳，2009）。麦克莱兰研究了这三种需求对于领导的影响，他认为虽然人们更倾向于成就需要，而不愿意接受权力需要，甚至排斥，但是这只是因为人们只看到权力需要的消极的一面，并没有看到积极的一面，麦克莱兰认为，权力也有积极的一面，并且指出了，权力需求在不同场合下，所出现的不同效果。

2. 期望-价值动机理论

与麦克莱兰的情绪激发动机理论不同，阿特金森（J W Atkinson）在麦克莱兰动机的基础上进行了进一步的深入研究，于1963年提出了他的期望-价值动机理论。他认为，人的动机由两种成分构成：渴望成功和害怕失败，任何动机都是这一对矛盾着的整体，只要有一种动机因素被唤起，另外一种动机因素也会随之而起。

并且他认为，没有一个人在进行决策的时候不去考虑成功的可能性和失败的风险，因而这两种部分彼此的关系共同影响着人们在进行决策时的行为。如果渴望成功的动机大于失败的动机，那么人们就会努力地去追求这个目标，领导人会执行某项决定；如果失败的可能性要大于成功的可能性，那么就会减少甚至消除去追求某个目标的可能性。这一理论可以被归纳为期望-价值理论公式：

$$Ts = Ms \times Ps \times Is$$

（Ts）个人追求成就的倾向 = Ms（追求成功的动机）× Ps（对成功可能性的估计）× Is 代表成功的激励值。其中，Ps = 1，表示确信会取得成功；Ps = 0.5，表示估计成功的可能性是50%；Ps = 0，表示确信必然失败。与麦克莱兰的动机理论只看到积极的一面不同，阿特金森考虑到了负面的动机的影响，因而更全面，也更符合实际情况。由于考虑到积极和消极的影响，自然而然也会考虑到客观因素对于领导人行为的研究。阿特金森以及其他学者的研究发现，大体上来说，高成就动机的人喜欢选择中等难度的任务，而低成就动机的人喜欢选择较为极端的任务，但有时，低成就动机的人由于受外在诱因的影响，也可能不选择极端的任务。不仅如此，实验还证实，即便对分配给的任务，高成就动机者也要比低成就动机者做得好（王本法，2000）。

三、案例

（一）苏格拉底的领导哲学

苏格拉底（Socrates）是柏拉图的老师、亚里士多德（Aristotle）的太师父，雅典著名的哲学家，以启发人们不断探讨，爱智慧、反思事物的本质而闻名于世。

苏格拉底作为一个哲学家，最重要的一点是他并不认为自己是一个具有某些高深的哲学知识的人，他在和柏拉图的对话当中多次表示，只有知道自己无知的人，才是一个智者、才是一个爱智慧的人。根据柏拉图的记载，我们得以了解苏格拉底一生的经历当中他在领导行为上的一些特点，而不仅仅看到它以精神助产法引发别人思考，虽然这也是他最重要的行为之一，但是这些行为背后确实存在着一些领导的理念和因素。包括他在面对毒酒的最后一刻放弃逃生的机会，也是他以身作则饯行自己的理想的又一次体现。

这里可能会有一个困惑，苏格拉底是否能够称之为是一个优秀的领导人？首先我们应当肯定的是，苏格拉底在哲学性反思、与人交流、政治权力的理解这三方面具有的素质，不仅是成为一个贤人应当具备的，同时更是几千年来管理者和领导者都应该反思和学习的。在一定意义上，苏氏毫无疑问可以成为领导者们效仿的榜样。管理学者德鲁克认为，管理的本质并不在于理论，或者说并不应当止步于理论，管理是一门实践的艺术，理论的学习应当最终回归于实践。苏格拉底不仅通过反思性探讨以追求真理，而在与不同身份的人的观点的交流中的包容性，是大家得出新的有价值的结论的重要前提。

如果没有这种包容性，那么任何合作式的交流，都只能换来看似和睦的一致，一团和气但是却不会有任何新的进展。苏格拉底其他人能够做到包容各种差异性，甚至到了没有原则的包容的地步。在外人看来是受到了欺负，但是苏格拉底仍然能以平常心泰然处之，他的妻子就是一个典型的例子。

苏格拉底的妻子脾气很差，性格也不好，喜欢唠叨不休，动辄破口大骂，常使苏格拉底困窘不堪。有一次，苏格拉底在和学生们讨论学术问题，正当他们互相争论的时候，他的妻子气冲冲的闯了进来，不由分说就大骂了他一通，随后又外出提来一桶水，猛地泼到苏格拉底身上，把苏格拉底的全都弄湿了。在场的学生都以为苏格拉底一定会勃然大怒，斥责妻子一顿。哪知苏格拉底摸了摸浑身湿透的衣服，风趣地说：“我就知道，打雷以后，必定会下大雨的……”大家听了，都捧腹大笑起来。

妻子打断他与学生们讨论、到破口大骂，最后升级为泼了苏格拉底一身水；面对这种情况，苏格拉底没有大发雷霆，而是平静地面对，甚至在学生面前自我解嘲。当他处于难堪的境地时，却以自我解嘲的方式改变了环境，解决了他与他妻子之间的矛盾。化解了尴尬，和平而且最快地解决了与妻子之间的矛盾，同时也给自己的学生树立了贤者的榜样以及告知他们应如何面对处理这一类问题，而且也维持了他做人的信念。

苏格拉底的学生曾经不解地问道："老师，您时常教导我们要慈悲、忍让，要懂得做人的道理，而师母的凶悍是远近驰名的，您为什么不教化她呢?"苏格拉底说道："擅长马术的人总要挑烈马骑，骑惯了烈马，驾驭其他的烈马就不在话下了。我如果能忍受得了如此凶悍的女人，就能容忍全世界的人了。"

思考：

在组织当中，所有成员之间的交流，是为了取得新的共识和有意义的进展，而不是为了简单的达成观念上的一致。这首先要求成员之间放下个人利弊得失，着眼于更大的问题。但是这种胸怀，不仅需要高尚的人格，更需要在成员的日复一日的合作之间达成一种信任的关系。这种信任关系与组织类型无关，无论是人才流动较快的创新性组织还是相对结构稳定的事业单位。作为领导人，不仅要求自己具有苏格拉底的胸怀，更重要的是要能够让下属之间，借助某些渠道和方式形成这种互相信赖的关系。比如近些年引入的"集体性的素质拓展训练"。只不过这种作为交流前提的互相信赖，更多的属于一种道德能力的范畴，而和工作能力本身没有直接的关系。虽然这种道德能力并不会直接的创造某些绩效，但是完整的组织却是一定需要成员具备这种能力的。

（二）国家艺术激励制度

在本章所提及的三类激励制度当中，马斯洛认为，人的成就取决于是否受到尊重和能否自我实现；麦克莱兰偏重于对领导人的激励，认为在工作当中主要是成就需求、权力需求、亲和需求三种因素在发挥作用；而赫茨伯格从大企业管理出发认为，认为应当合理鼓励员工积极向上，同时也做好一般性的安抚工作；这些都对我们在探讨关于艺术家的激励话题时，提供了一些可以借鉴的思考方式。

有艺术家认为，在国际上不断地获金奖说明了是一个艺术家的艺术鉴赏和审美成熟了，说明艺术审美在东方和西方都经住了考验，表达共通的审美需求。“因为如果大家不喜欢，给奖干什么?”对艺术家自身专业水平的证明除了不断得奖以外，还有另外一种奖励：国家正式颁发的荣誉证明，国家荣誉能够证明艺术家在意识形态的艺术化表达手段上的成熟。有时候对艺术家而言，政治上的成熟，要比专业上的成熟，更重要一些。作为社会的一员，艺术家仍然要服从和遵守一致的社会规范，得到国家的奖励，便是对艺术家遵守社会规范的回报，也包括对艺术专业水平的认可。

社会的发展程度与人们对荣誉的追求程度成正比，对于荣誉的追求，向来是人们彼此心照不宣的内心的规范和自然自发的行动之一。艺术工作者不仅需要从专业上获得认可，同时也需要从政治上获得国家的承认，这二者直接关系到身处不同的艺术圈的地位和影响力。

实际上，国家荣誉制度实际上是历史的客观存在，并且作为历史传统深入我们的生活。恺撒执政时期的哲学家西塞罗（Marcus Tullius Cicero）说过：荣誉使艺术盛兴，一切有志于钻研的人，无不受着荣誉感的激动。诸葛亮也曾说过：赏赐知其所施，则勇士知其所死。政府通过颁发荣誉称号、授予勋章、给予物质奖励表彰做出突出贡献的杰出人士，扩大本国文化艺术名人的影响及其作品的传播，激发国民的爱国热情和自信心、自豪感。

例如，新中国成立以来，特别是改革开放以来，党和政府曾经采取不同形式对做出突出业绩的舞蹈艺术工作者给予表彰和奖励。按照目前曾经获得党和政府级别的荣誉项目、荣誉称号的舞蹈艺术工作者的情况来看，主要分为三部分。第一部分是政府荣誉奖励称号。最高由国家级政府部门授予，向下依次为省、自治区、直辖市级分级授予；第二部分是军队军功奖励、荣誉称号。最高由中央军事委员会批准授予，向下依次为大军区、军分区、师、团等分级授予；第三部分是中国共产党领导的人民团体授予的荣誉称号。最高一级包括全国性的团体会员（12 个）授予，例如共青团中央；下一级由地方性团体会员 35 个包括各省、自治区、直辖市青联和中央直属机关青联、中央国家机关青联、全国民航青联和全国金融青联等授予。

《国家“十一五”时期文化发展规划纲要》计划第九条《人才队

伍》总第四十二项，就设立了一系列对于文化艺术工作者的表彰措施：建立国家文化艺术领域授予荣誉称号的制度。为了推动社会主义文化的繁荣发展，对在文学艺术领域取得卓越成就的文化工作者授予人民艺术家、人民作家等荣誉称号，并从“十一五”时期开始，设立“国家文化杰出贡献奖”，表彰在文学艺术、人文社科、新闻出版、广播影视等领域作出突出贡献的文化工作者。国务院授予荣誉称号的，由文化主管部门确定并经人事部审核后报国务院批准；国务院有关部门授予荣誉称号的，按照有关规定会同人事部联合授予。

国务院有关部门授予荣誉称号的，按照有关规定会同人事部联合授予。可以说是在制度实践过程中进行创新的一个亮点举措。其中包括的设立“国家文化杰出贡献奖”这一构想，也是对于宪法内“国家的勋章和荣誉称号”这一国家职权进行进一步的落实：

第六十七条：（全国人大常委会有权）规定和决定授予国家的勋章和荣誉称号。

第八十条：中华人民共和国主席根据全国人民代表大会的决定和全国人民代表大会常务委员会的决定，公布法律，任免国务院总理、副总理、国务委员、各部部长、各委员会主任、审计长、秘书长，授予国家的勋章和荣誉称号，发布特赦令，发布戒严令，宣布战争状态，发布动员令。

十七大提出，我国将设立国家荣誉制度，表彰有杰出贡献的文化工作者。原文第七项：“推动社会主义文化大发展大繁荣”中指出：（四）推进文化创新，增强文化发展活力。在时代的高起点上推动文化内容形式、体制机制、传播手段创新，解放和发展文化生产力，是繁荣文化的必由之路。要坚持为人民服务、为社会主义服务的方向和百花齐放、百家争鸣的方针，创作更多反映人民主体地位和现实生活、群众喜闻乐见的优秀精神文化产品。深化文化体制改革，完善扶持公益性文化事业、发展文化产业、鼓励文化创新的政策，营造有利于出精品、出人才、出效益的环境。大力发展文化产业，繁荣文化市场，增强国际竞争力。运用高新技术创新文化生产方式，培育新的文化业态，加快构建传输快捷、覆盖广泛的文化传播体系。设立国家荣誉制度，表彰有杰出贡献的文化工作者。

国家荣誉制度的建立，实质上以国家立法的形式，表彰具有艺术高水准、创作人民喜闻乐见的优秀精神文化产品的艺术工作者，对内可以在国家管理制度这一层面上统一目前各种不同的奖励表彰，以及制定相应的评审标准和范畴，对外，同样在国家文化塑性层面具备了强大的推广力。树立统一的精神标杆，其意义远大于物质上对于艺术工作者的衡量。精英意识、贵族意识将最大限度的在每一个艺术工作者心中建立，榜样的力量，也会带动民族艺术的兴起。

思考：

艺术家不是领导，但是他们能够通过艺术创作、通过自己的作品对大众产生广泛而深远的影响，这种影响是一种文化的领导力。这种领导力的产生一方面源于艺术家的个人才华，另外一方面也源于社会对于他们的接受与认可。在人类历史上，任何一个新的艺术流派的创造与产生，都代表了一种新的观念、一种与大众不同的声音，这些新观念的产生在某种程度上可以看作是一种文化的领导力。

国家荣誉制度是中央政府对于艺术家艺术成就的认可。在官方、艺术家、民间这三个变量形成的关系之间，文化领导力以一种间接的形态存在。无法通过自己的作品能够有效传达核心内容的艺术家，其影响也将转瞬即逝。在作品中不能呈现出某些社会价值并进行文化引领的艺术家，也不具有文化的领导力。

文化是多元的，也是开放的。近年来我们追求文化能够实现对社会的引领，而文化引领对于社会的贡献不仅在于指导正确的意识形态以及传播正统的文化，更重要的能够通过不断地探索引发人们的思索，提高人们认识自身、了解他者、感知周遭世界的能力。当然这一切的前提是艺术家的创造能够被文化所认同，这个认同的过程也需要某种程序来实现，实现之后的艺术家才能有证明自身的更多的机会。

（三）小鞋匠给大公司上课

瑞士的埃尔德集团，是目前全球最大的收银机销售公司。但在成立的最初几年，公司曾陷入空前的财务危机之中。总裁查菲尔先生亲自来到业务代表中间探访。他深知业务代表是公司最重要的资产，而保护这些资产的最好办法，就是要激发他们的活力。

查菲尔对这些神情沮丧的业务代表们说："我们的竞争对手正在散布一些小道消息，说我们公司出现了无法克服的财务危机；还盛传谣言，说我们将削减业务代表，这些都不是事实。我今天来，就是召集各位，请大家如实地为自己辩护，诚实地说出自己的困惑。"

有位销售代表说："我的销售成绩下降，是因为我负责的那个区域正遭逢大旱，大家的生意都受到影响没有人愿意购买收银机。"

话音未落，第二位业务代表就站了起来，他的理由甚至比第一位更消极，言辞中充满了茫然和颓废："我感觉公司快要完蛋了，就像一座岌岌可危的大厦，我承认我正准备跳槽。"此时，业务代表中一半的人都坦诚说自己确实在另谋出路。

查菲尔"腾"地跳到椅子上，他激动地打断了业务代表们的话，镇定地说："现在休会五分钟，让我来擦擦鞋子，但请大家仍各就其位，后面将有精彩的内容"。

一分钟后，公司门口那个每天替员工们擦鞋的小鞋匠被人叫来了。查菲尔毫无顾忌地把鞋子伸了过去，并在大庭广众之下，与小鞋匠聊了起来。

"你几岁了？在我们公司门口，擦鞋有多久了？"查菲尔问他。

"我9岁，来了6个月了。"小男孩回答。

"很好。你擦鞋一次赚多少钱？"

"擦一次五分钱。"男孩回答，"但有的时候，我会得到一些小费。"

"在你来之前是谁在这里擦鞋？他为什么离开？"

"是一位叫比尔斯的男孩子，他已经17岁了。我听说，他觉得擦鞋无法维持生活而离开了。"

"那你擦一次鞋只赚五分钱，有办法维持生活吗？"业务代表们都惊异地听着男孩儿下面的回答。

"可以的，先生。我每个星期五给我的妈妈10元钱，存5元钱到银行，再留下2元做零花钱。我想我再干一年，就可以用银行里的钱买辆脚踏车了，但妈妈并不知道这件事，我要给她一个惊喜。"小男孩一边卖力地擦着鞋子，一边微笑着回答。

看着油光锃亮的皮鞋，查菲尔掏出5分钱给了小鞋匠，男孩儿高兴地说："谢谢您，先生。"查菲尔又掏出1元小费递给男孩儿，男孩儿面露迷人的微笑，还是那样欢快地说："谢谢您，先生"。

查菲尔感慨地摸着男孩儿的头，说："小家伙儿，谢谢你，你给我们做了一次很好的讲演。"接着，查菲尔转向业务代表们说："这位男孩儿现在做的工作过去是由一个比他大8岁的男孩儿负责的。他们的工作相同，索取的费用相同，服务的对象也相同"。

"但是，"查菲尔激动地说，"两个人的结局不一样！这个小鞋匠内心充满着生活的希望，当他工作时，脸上总是带着微笑。他期待成功，所以成功也就走向他。而原来那个男孩儿性情非常冷漠，悲观失望，情绪不稳定。而且，当顾客给他5分钱时，他也不会说声谢谢，因此，他的顾客也不会再给他小费，不愿再看到他冷淡的脸……所以，他的生意越来越惨淡，当然无法赖以为生"。

这时，第一位演讲过的业务代表顿悟了，他说："我明白了，我们之所以销售得不好，就是因为我们光接受了别人的困难，被对方的困难吓倒了，而没有在销售收银机的时候，用我们的快乐和胜利的信念感染对方并消除他的恐惧心理。其实，不管对方有多少困难，当你把自己的乐观和自信带给他时，他自然就会接受你"[①]。

思考：

1. 领导特质在领导活动中作用和意义有哪些？
2. 领导特质作用的发挥是由领导者个人实现的吗？

第五章　领导行为理论

除了领导特质理论能够从内在素质研究领导行为的规律以外，领导外在行为也是很重要的另外一个方面。虽然领导特质研究能够在一定程度上解释领导者个人的成功原因，但却无法进行有效预

① 资料来源：《影响企业管理的125个精彩故事》，李卫平 姚迪雷 编著，人民邮电出版社，2007-12月第1版，P167。

测，加上无法自圆其说，人们逐渐脱离了对特质理论的关注，转向对领导个人行为的研究。领导特质偏重领导“是什么”，领导行为倾向于关注领导“做了什么”。

一、领导行为研究的内涵

领导行为理论研究（behavioral school of leadership），主要是从人际关系、情感因素去研究领导者的哪些行为有利于他实施有效的领导。

在20世纪40年代末期，美国一些大学的管理学家和研究中心开始了对领导行为的研究。他们通过领导具体行为对工作效率的影响和关系的分析，试图找到行之有效的最佳领导方式。领导行为理论也被一些学者称为“领导功能理论”，这一理论研究的重大贡献是使领导理论研究突破了定性的方法而转向定量的方法，使领导学建立在实证科学的基础上。

按照卡莱尔（Thomas Carlyle，1907）的“伟人理论（Great Man Theory）”的观点，世界是伟人所造就的，因而对领导者的研究，应当通过特质和行为方法对性格成因进行分析。虽然在19世纪初的伟人理论仍然带有唯心主义英雄史观的局限，片面夸大英雄、领导人个人的因素，忽视了大众在社会变革当中所产生的作用。但是在19世纪前叶，研究者们除了对个人在领导过程中具备的素质进行研究以外，也对领导过程中所从事的行为产生了兴趣。

领导行为研究发起于美国的俄亥俄州立大学（OSU）和密歇根大学（UM）的研究，是以通过研究领导行为因素、工作效率和下属满意度之间的关系试图找到一个最佳的领导行为方式。行为理论学家普遍认为只有那些行为上表现为既关心生产又关心个人（下属）的领导者才是最有效的。

整体来看，领导行为研究普遍都是依靠高校研究所，采取问卷调查和数据统计分析，借助心理学、组织行为学、社会学理论进行研究，形成了一套有效的对应当时企业发展和组织生产的研究方法。而其中包含着一些前提因素。首先是二次世界大战爆发后，美国聚集了相当数量的欧洲研究人员、高级知识分子。他们使得美国在1939年之后的社会发展过程中，为企业的快速发展提供了重要的动力。其次，美国高校对于科研的重视和良好氛围，保证了学者有时间、精力进行一系列研究，研究之后的成果得到保护和认可并迅速推广。这一点也是与40年代企业发展，亟需先进的管理理论来提升企业效率、保障员工的基本管理理念是相关的。并且美国高校研究所对于经典理论的应用性研究和实践转化机制比较完善。可以说，快速增长的社会需求与管理理论的提出不谋而合。

二、领导行为理论研究的主要成果

美国管理学专家彼得·诺思豪斯在《领导学：理论与实践》一书中指出："尽管许多研究都能被划分在领导风格范围之下，俄亥俄州立大学的研究、密歇根大学的研究以及罗伯特·布莱克（Robert R. Blake）和简·莫顿（Jane S. Mouton）的研究（1964，1978，1985）是最富有代表性的"。

从20世纪40年代起，西方管理学界开始了对领导行为影响生产效率和企业发展的大范围的调查研究，涉及范围主要包括远离战区的美国的企业和单位，许多研究人员都进行了定量和定性分析，所提出的各种理论都不同程度的加深了对领导和管理者的研究。得出的结论有力的支持了美国企业的发展，除此以外也创立了爱荷华州立大学（SUI）的领导风格研究。

（一）领导行为风格理论

美国心理学家库尔特·勒温（Kurt Lewin）于1921年在德国柏林大学任教期间受到格式塔心理学派的影响，提出"场力"概念。即群体中每一个人都会因为受到外在的因素和内在的情绪的影响，而产生不同的行为，因而一个人周围的群体环境能够对个体行为产生"场"。在此基础上，勒温根据群体动力学理论，对集体中不同的领袖风格影响组织绩效类型进行了试验，采取群体作业的方式，安排不同类型的领导，对作业过程和结果进行分析。结果发现，独裁型风格的领导者，倾向于集权管理，使用命令来安排下属采取工作的方法，单方面决策，限制员工的参与；民主型风格的领导者，在决策过程中考虑员工的利益，鼓励员工参与工作方法和目标制定的决策，注重和员工之间的反馈。自由型风格的领导者，给群体充分的自由，让群体自己进行决策，并按照他们认为合适的做法完成目标。

从试验结果来看，在目标实现效果方面，并不能完全对最有效的领导风格做出定论，虽然推论认为民主型风格有的时候能够实现高绩效，但是，有时候绩效和领导风格并无直接关联；只有在员工满意度方面，民主型风格带领的群体，相比较独裁型风格的群体，有着更高的满意度。

（二）二维构面理论

俄亥俄州立大学的斯托格蒂尔于1945年提出了二维构面理论，这一理论也称作“俄亥俄模型”或“四分图模型”（图2）。他们研究的主要工作是在他的指导下，由俄亥俄州立大学企业研究局进行了广泛的问卷调查，主要对领导者在领导一个群体或一个组织时的行为进行了研究，包括建构了描述领导行为的各个不同方面的1800多个条目，并在此基础上形成了一份由150个问题组成的问卷，发给了教育、军界、工业界的几百名被调查人员。

问卷要求受访者被要求对老板的行为进行详尽的描述，调查发现，对老板的评价基本上可以用关怀性（Consideration）和开拓结构性（Initiation Structure）来衡量，斯托格迪尔在出版的（1963）领导行为描述问卷缩减本（LBDQ）当中，对在1000多个要素的基础上归纳出两类最基本的领导行为：关怀行为和开拓行为进行了详细阐述，这也被称作是领导者关怀下属、执行规定的两个基本维度。

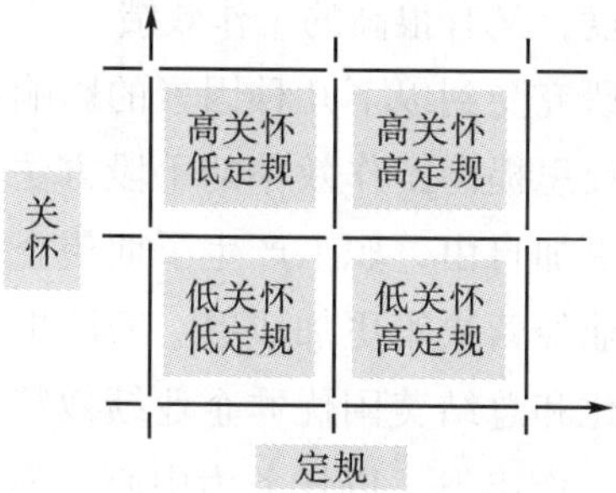

图2 二维构面理论

定规维度指在生产过程中，为了实现目标，领导界定与下属关系的程度，包括规划工作、明确目标、界定任务关系的行为，即关于“规定”的维度。关怀维度主要是关系行为，也指关怀者在工作中尊重下属情感并和下属建立相互信任的程度，同时还包括领导和追随者之间建立同志友谊和忠诚，以及尊重、信任和喜欢的程度。高关怀的领导善于在工作中帮助员工解决问题，尊重员工感情和意愿。

通过研究进一步发现，在生产部门中，工作评定与定规成正比，但是在非生产部门中，工作评定与关怀成正比。

（三）员工生产导向理论

密歇根大学的研究学者卡茨（Katz）、伦西斯·利克特（Rensis Likert）等人，对一定范围内的领导行为进行了研究，并划分出主要的两类：员工导向和生产导向。员工导向（employee orientation）要求重视人际关系，尊重人的个体差异和人的个体需要。生产导向（production orientation）更强调工作的技术性和生产业务，公司的员工被视为达到目标的工具。

他们一开始认为这两种导向是联系在一起并且互相矛盾的一对关系。认为重视员工导向的领导不太会重视生产导向，反之亦然。不过随着研究的开展，他们更偏向认为这两种导向是彼此独立，同时也允许共存。一个领导可以同时具备这两种风格倾向，在不同的场合和条件下，做到任务和关系的双重兼顾。

我们可以发现，到20世纪50年代和60年代期间，俄亥俄州立大学和密歇根大学的研究者们，已经非常关注研究领导者怎样才能将任务行为和关系行为密切地结合起来，使领导者的领导行为既有下属的较好的满意度，又有很高的工作效绩。

密歇根大学的研究受到以下几种因素的影响：首先是国家间的竞争迫使企业更加反思提高工作效率的手段方法；其次美国社会发生变化，个人希望更加自由，职工产生了期望企业更好的对待职工的需要；第三是企业经营决策更加成熟。密歇根大学的研究关注美国企业经营环境变化和总结美国优秀企业绩效特点，发现凡是不好的管理效果都是从工作出发，以任务为中心，强化监督管理，而好的管理效果都是以职工为中心，以工作集体为单元的关系结构。

（四）利克特量表

1946年，密歇根大学邀请学者利克特任教，并为此成立了密歇根大学社会调查研究中心，1948年，因麻省理工大学群体动力学研究中心勒温的去世，所以密歇根大学社会调查研究中心和麻省理工大学群体动力学研究中心合并，成立了密歇根大学社会研究所，在此基础上，利克特融合行为科学、组织心理学、教育学原理，在领导行为、组织行为、物质刺激等方面进行了有效的研究，并且开发出有名的利克特量表。

1932 年所发展的单向度量化的利克特量表是一种结构明确的问卷测验，它是目前人格测验中使用最普遍、最广泛的一种量表形式。利克特量表项目的基本形式是给出一组陈述，这些陈述都与被试对某个单独事物的态度有关，选项两端标示为同意和不同意类似的词语：

a. 非常同意　b. 同意　c. 无所谓（不确定）　d. 不同意　e. 非常不同意

但目前在商业调查中很少按照上面给出的步骤来制作利克特量表，通常由客户项目经理和研究人员共同研究确定。

1961 年利克特发表《管理的新模式》一书，延续了他在密歇根大学的研究，进一步完善和重新阐述了领导的两种行为导向：工作导向和员工导向。工作导向表示领导者强调工作岗位的技术和任务的方面，关心群体工作任务的完成情况，并把员工当作完成任务和目的的手段与工具；员工导向的领导者相对重视人际关系，会考虑下属需求、并接纳群体成员的个人差异和容忍下属的缺点。

（五）领导行为方格理论

领导方格理论（Management Grid Theory）是布莱克和莫顿两位著名的学者在 20 世纪 60 年代创建的。1964 年，美国得克萨斯大学（TX）的行为科学研究学者布莱克和莫顿发表了《管理方格》一书，对在关心人和关心生产的两个行为维度上的不同的风格导向进行了研究，提出了管理方格理论。

经过后人的发展，这一模式已被广泛的运用与组织培训，这一理论主要是解决领导者如何通过两种因素“关心人”和“关心生产”来实现组织的目标。关心人是指领导者怎样重视和关心在组织活动中为完成组织目标而努力的下属人员。包括建立组织承诺与信任、提高员工的自身价值、提供好的工作条件、维持公平的薪资结构以及促进良好的人际关系。关心生产是指领导者怎样重视和关心完成组织的任务一致最终实现组织的目标。包括关心决定政策、新产品开发、生产过程问题以及产品销售等。

领导方格理论的研究成果，把关心人和关心生产放在两个相互交叉的坐标轴上，横坐标代表领导者对生产的关心，纵坐标代表领导者对人的关心，纵横坐标分别划有9个等级，其中1代表最小的关心，9代表最大的关心。通过每一坐标轴上的等级的说明，可以表明不同的领导风格和领导行为结果（图3）。领导方格中表述了五种最主要的行为和风格：

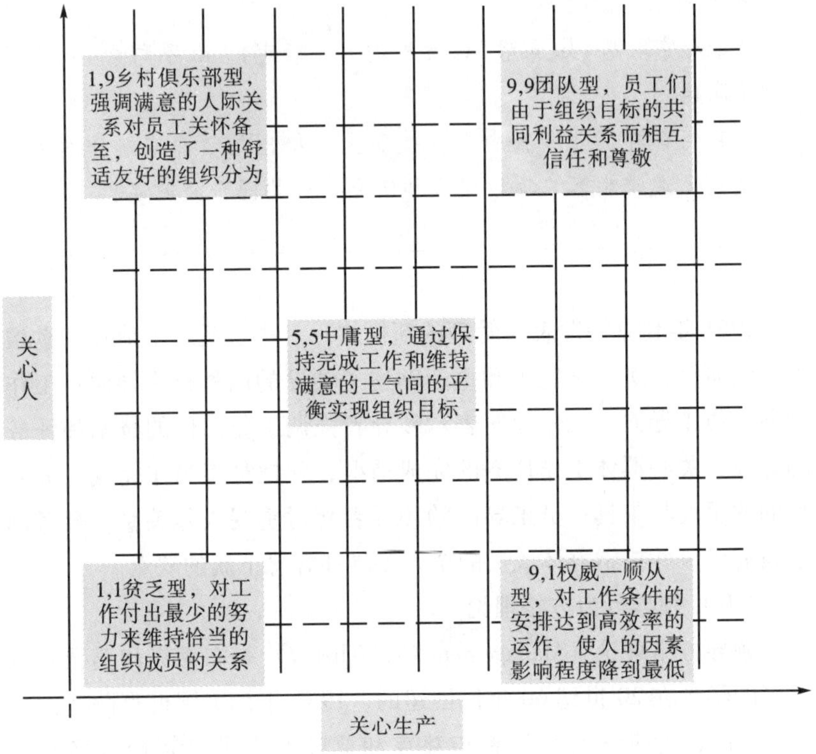

图3　管理方格

诺思豪斯在《领导学：理论与实践》（2002，P26）一书中对五种领导行为进行了分析：

1．权威－顺从型（9，1）

9，1型非常重视任务与工作需求而较少重视人，它不强调与下属交流，把人视为完成工作的工具。这一类型通常被看作是控制、要求和强制型。

9，1代表了一种高度关注事的理论。在组织面临重大任务、直接影响组织的重大利益、长远利益时，领导必须要按照这一导向下决心将重要任务完成好，做出最好的成果。

2. 乡村俱乐部型（1，9）

1，9型代表了不太关心任务是否完成，而非常关心人与人之间良好关系的行为。1，9型领导行为的特点是，不强调生产而重视人的态度和感觉，重视追随者个人需求的满足。他们通过令人愉快的行为，去帮助协调和不引起争论来创造一种和谐积极的氛围。

1，9型同时也符合传统道家思想的假设，符合“无为而治”，符合“治大国若烹小鲜”的理念，领导行为应当追求1，9的导向，这是中国传统的领导思想，是领导成熟的标志，也说明了领导艺术的高超，是领导到达一定境界的体现。

这一类型的领导主要从事对行而上的工作的指导，主要是确定发展战略和大的方向，对事无为而治，高度关注人的行为，充分调动人的积极因素，通过调动人们的积极性，而去做好战略性的和带有高科技性质的工作。

3. 贫乏型（1，1）

1，1型的领导行为既不关心任务也不管心人与人之间的关系。他们虽然职务是领导，但在行动上不投入、不合群、听之任之。

4. 中庸之道型（5，5）

5，5型是注重平衡或妥协的领导，他们对任务及所属人员均采取中度关心，他们在考虑人和任务的关系时强调找到之间的平衡。5，5型的领导回避冲突，喜欢中立，强调适度的生产水平和人际关系，以降低不同意见的程度。

5，5是领导行为的常态，一般意义上来说，领导者应当适度关注人，同时适度关注事情，不能常常是一种偏激，一个倾向或导向掩盖掉另外一个导向。

5. 团队型（9，9）

9，9型的领导对任务和人际关系都非常重视和关心。他们积极促进组织人员的高度参与及团队工作，注意满足员工参与和投入工作的基本需求。9，9型领导的特点是，激发员工参与意识，让问题公开化，重点清晰，前后一致，行为坚决开放，喜欢工作，领导成效显著。

布莱克和他的同事还提出了另外两种领导者的行为，一是家长型的领导，是指领导者既用1，9型又用9，1型，但并不将这两种融合在一起。他们称这样的领导者是“仁慈的独裁者”，他表现出仁慈，但是，他的仁慈是为了目标的实现。二是机会主义型的领导。这种领导者为了个人的进步和利益，把五种最基本的领导行为和风格任意组合起来应用。他们还指出，一个领导者通常有一个他在大多数情况下使用的占主导地位的管理风格和一个支持型的管理风格。支持型管理风格在一般情况下不起作用，而在领导者面对重大困难和压力的情况下所使用的。

应当避免1，1和9，9的管理局面，1，1说明领导人不关心组织的发展和生产，9，9是领导人有矛盾的状态，同时高度关注人、同时高度关注事产生的矛盾，可能会影响领导班子和下级的积极性。

三、领导行为理论的影响和不足

领导行为理论给我们深入理解领导过程做出了重要的启示。就研究成果而言，领导行为理论重点研究了领导在生产过程中具体的行为方式和类型，明确了两个重要因素：关心生产和关心员工，并且探讨二者之间的平衡，由此总结出了领导行为的重要特点，使得领导的后天培养和训练成为可能。

领导行为理论和领导特质理论重要区别是，领导行为理论主要研究领导在过程中做什么而非领导是什么。主要包括三个方面：一是领导行为理论明确了领导者在领导过程中的基本行为有两种：重视任务的行为与重视人际关系的行为，这两种领导行为是领导过程的核心。无论在什么情况下，只要发生领导活动，领导者就必须进行完成任务行为或处理人际关系行为；二是如何使两种行为保持平衡就成为有效领导的关键；三是领导行为理论重要的应用价值。它不仅扩大了领导学的研究范围，而且提供了评估领导者一般行为的方法，使领导能力成为后天通过组织培训、个人努力学习可以获得的一种本领。领导者通过对照基本行为自我评估可以改善自己的领导风格和行为，不断提高领导能力和领导成效。它提醒了领导者对他人的影响是通过他们所做的工作以及所建立的良好关系共同发生作用的。

领导行为理论的不足主要是，领导行为理论并没有总结出一种更普遍的、有针对性和体现一般规律的有效领导行为，也没有证明最有效的领导方式，从这点来看，领导行为理论并不完善，还没有真正提出定量定性的方案，并没有发现一个在一般情况下普遍适用的有效的领导行为；也不能充分证明，最有效的领导行为是9，9型即高－高型（高任务导向及高关系导向）。所以总的来说，它的不足在于它目前还不是一个十分完善的理论，没有为有效领导行为提供一套组织严密的方案。

后来，芬兰和瑞典的学者研究考察了领导者是否还有第三个行为风格，研究表明，在领导活动中确实存在着独立于关心任务和关心人之外的第三个行为——关心发展的导向。重视发展导向的领导更能取得成效，下属认为他们更有领导能力，更能获得下属的高满意度，这可以看作是对领导行为理论的一个补充。

四、案例

1. 国际芭蕾舞院校邀请赛的风险预评

北京国际舞蹈院校芭蕾舞邀请赛是经中华人民共和国文化部批准，在市委、市政府大力支持下，开展的一项国际性的舞蹈赛事活动。委托北京舞蹈学院主办此项赛事的目的是进一步加强国际间舞蹈院校的交流与合作，相互学习各国间人才培养、学术研究、作品创作的经验和基本做法，通过比赛大力推出各国舞蹈院校的新人新作，相互学习和借鉴、提高教育教学质量、提高人才培养质量，传承创新舞蹈文化，共同促进世界舞蹈教育的良好发展。目前参加邀请赛的有包括英国皇家芭蕾舞学校在内的十余个国家和地区的三十余名海外选手参加此赛事。前两届的赛事组织工作取得了圆满的成功。

在比赛的原则上，组委会主要通过实现四个主要原则来保证赛事的基本水准。一、由众多世界芭蕾舞领域的一流专家担任评委，确立评委会的权威性；二、国内自己选拔的选手肩负重担，要努力为祖国增光、为各自母校争得荣誉；三、各国选手文明参赛，相互尊重、相互学习，在愉快和谐的氛围下完成比赛。四、组织进行大师课的学习。

前两届赛事的组织工作，都是由学院主要领导直接负责组织管理，从各个部门选拔赛事的工作管理人员、从学生当中挑选赛事志愿者，在比赛活动举行的10月份，全院主要工作重心都围绕着这一赛事而展开紧张的忙碌。

在前两届赛事的组织工作中，各组别的奖金、国外选手的来回旅费、国际评委劳务费、新闻宣传发布以及日常开销等，汇总起来都是一笔很大的开支，为了保证赛事的正常进行，政府划拨的专项经费发挥了很关键的作用。可以说，专项经费是保证赛事正常进行的一个关键因素。

在前一阶段刚刚结束的每年一度的项目申报工作中，学院得到一个比较确定的信息反馈，受到金融危机的影响和赛事活动日趋成熟，对于新一年度的项目立项，上级部门的专项拨款有可能大幅削减，这无疑将对来年下一次举行国际芭蕾舞比赛产生重大影响，也将会是对学院组织赛事、运作赛事能力的一次严峻的挑战。经过总结与分析，组委会预计问题将可能出现在以下三个方面：

（1）上级拨款不足，赛事开展缺少基本保障。

（2）赛事日趋成熟，规模需要进一步扩大，缺少相应的专业的管理人才。

（3）赛事整体管理和运作需要更加科学合理的策略。

思考：

如果面临这种情况，你所在团队需要讨论出一个应对当前赛事组织风险的有效策略，结合个人经验，请站在领导者的角度谈谈你的想法。

2.《公民凯恩》的领导力行为分析

影片《公民凯恩》（Citizen Kane）是美国雷电华电影公司在1941年公映的一部电影，获得了1942年奥斯卡奖的14项提名。影片主人公凯恩的原型是美国新闻巨头赫斯特，影片故事包括6个闪回的片段，从几个角度描述了一个美国传媒大亨的人生，揭示了在美国早期自由经济膨胀时代，一个领导人和公司一起成长、发展与毁灭的经历。

在这部片子中，凯恩在处理公司投资人、事业伙伴方面几个关键问题上的行为反映出来的结果，对领导管理研究有一定的启发。无论公司大小，事业的发展不能只依靠管理者个人理想和性格推动；市场环境和企业之间的动态关系要求管理者首先要把握市场变化发展的规律，在此基础上，借助管理工具，要能够有效地化解市场风险；领导者在管理中也要避免英雄主义，踏实做好该做的事情，避免把个人意愿凌驾于组织发展目标之上。

回顾凯恩的一生，他能够在传媒业获得成功，有赖于几个先决条件。先天获得第一桶金，以及在大学期间有过办报经历，打下了基础；个人主义和英雄主义的特质促使他在公司发展初期获得成果；这一切都围绕着他最初的核心：通过办报伸张正义，但是到了公司规模扩大影响力加大之后，他的这种将自我化身英雄要主持正义的状态，逐渐变成要把自己所谓的正义强加于市民。由于伸张正义的主要方式是通过报纸影响社会，他也逐渐地把公司的业务变成个人使用的工具，把市场变成个人意志的实弹演练场。由于他缺少自我反思和外在监督力量，他逐渐把领导人意识凌驾于公司前途和民众理性选择之上，这种不合理的公司管理的逻辑即使能够获得短暂盈利，但是在无形中产生了更大的矛盾，最终被市场淘汰。

市场经济的核心就是供求关系，公司不仅是要提供出有形、无形的产品，以及相配套的盈利模式，更重要的是一种公司文化的输出。通过提供有形产品到社会，公司无形中蕴含着一个深层的文化逻辑，虽然这个逻辑很大程度上是由市场自发选择的，但是组织内部也有若干内在原因影响着公司文化的形成，在凯恩的事业里，他的个人意识就是影响那个时期所谓的公司文化的主要因素。

一样的问题处理方式，不一样的结果。在初期公司规模不大的时候，凯恩与投资人有过争论，投资人反对凯恩的报纸继续报道劳工正面新闻、批评公共运输公司，认为凯恩作为公共运输公司的大股东，应该保护股东们和公司的权益。凯恩认为报纸应该给予民众自由，保护民众的利益。最终凯恩买下了报纸的全部股份，然后搬到报社办公。

凯恩把新闻报道范围从原来的“房东拒绝清理贫民窟”“公众支持问事报”这样的公共报道拓展到一般市民生活、情节曲折故事离奇的新闻上，同时使用一些获取深层新闻的技巧和手段，派专人调查事件等，报纸发行量很快提高。这个阶段也是凯恩发展的黄金时期。在这个阶段他结婚并且参与政治，但因为婚外恋丑闻而导致竞选失败。

但从凯恩为第二任夫人投资兴建芝加哥歌剧院以及感情发展来看，凯恩在公司管理和领导上，没有自我奉献的过程，而是单方面想要给予无论是观看演出的观众还是事业伙伴，还是报纸读者一种想当然的“爱”，这种人与人之间的关系本身不是站在平等对话的立场上，而是一种想当然的、居高临下给予和表达的爱，并不是大家真正需要的爱。凯恩希望获得民众、事业伙伴、夫人众星捧月般的支持，自己也能够主动“给予”某种回报，但他不会心甘情愿的“付出”也从未真诚的付出过。更不能接受伙伴李兰德尽管是喝醉之后的带有敌意的批评和教育。在和伙伴李兰德合作的最后一次见面时，凯恩悄悄取走了李兰德没有打完的新闻通稿，然后自己在外面完成起来。因为李兰德不再从心理上支持凯恩，仅仅是一个简单的工作关系，凯恩很自然的也不再主动去沟通，而是直接自己完成李兰德的工作，在这个时候实际上代表着他不再需要李兰德。

因此可以看出凯恩和同事之间的关系不是一种平等对话、分工合作的关系，而是要寻求一种精神上的被依赖感和精神领袖。这种心态产生相应的管理行为，在一开始促使事业获得巨大成功，但是一旦发展到这个阶段，凯恩却丧失了反思的能力和监督制约，实际上走入了自我为中心的事业怪圈。无论是关心下属还是要求完成定量的任务，或者给予不同的激励措施，也难以挽回公司破产的结局。人们不难发现，领导者的权威感很大程度上应该来自于岗位和职位，是不同的职业角色赋予领导者不同的行为，对应职业配套的监督和制约的领导行为，才能够有可能保证目标的完成、公司的发展。

凯恩事业获得了有限的成功，但最终还是鳏寡孤独一人，以至于落寞的老去。凯恩的一生的得失一方面缘于在个人领导过程中，或好或坏的处理几个大的事件，包括投资人争论、公司股权的垄断、婚姻、事业伙伴离去，另外一方面缘于个人特质中，对于感情不平等的、居高临下的给予，虽然孤独感与日俱增，但其内心仍然是渴望获得爱情、友情、亲情。这也说明了一个人把生活完全建立在物质基础上的弊端。凯恩最初能够理解民众需要和渴望自由，但是其老板身份恰恰站立在民众和自由对面，李兰德认为民众如果有了自由，他们会希望获得更大的权力。因此凯恩他只能选择有距离的、居高立下的“心理上的给予和施舍”，这种矛盾在事业早期尚不明显，他自觉不自觉地回避了和投资人争论的矛盾的核心，而是选择了垄断投资人的发言权来遮挡这种言论。而这种矛盾恰恰是那个时代最核心的、也是资本主义没有办法解决的矛盾。凯恩一直回避，却一直想要沟通这种对立，在这两个世界中间，实际上没有这种英雄可以附着的，归属的，依靠的容身之地。

思考：

领导行为理论的地位作用和意义有哪些？

3. 营销骨干集体跳槽的惨痛教训

日洁公司是日化产品生产企业。几年来公司业务一直发展很好，销售量逐年上升，每到销售旺季，公司就会到人才市场大批招聘销售人才，一旦到了销售淡季，公司又会大量裁减销售人员。就此事，日洁公司销售经理陈鸿飞曾给总经理蒋明浩提过几次意见，而蒋总却说：人才市场中有的是人才，只要我们工资待遇高还怕找不到人吗？一年四季把他们养起来费用太大了。不可避免，日洁公司的销售人员流动很大，包括一些销售骨干也纷纷跳槽，蒋总对销售骨干虽然有的挽留，但没有效果，他不以为然，仍按惯例派人到人才市场去招聘人来填补空缺。

结果终于出事了，在去年日洁公司销售旺季时，跟随蒋总多年的陈鸿飞和大部分销售人员集体辞职，致使日洁公司销售工作一时近乎瘫痪。这时蒋总才感到问题有些严重，因为人才市场上可以招到一般的销售人员，但不一定总能找到优秀的销售人才和管理人才。在这种情势下，他亲自到陈鸿飞家中，开出极具诱惑力的年薪，希望他和一些销售骨干能重回日洁公司，然而，这不菲的年薪并没有招回这批曾经与他多年浴血奋战的老部下。

直到此时蒋总经理才有些后悔，为什么以前没有下工夫去留住这些人才呢？他也陷入了困惑，如此高的薪金，他们为什么也会拒绝，到底靠什么留住人才呢？

思考：

日洁公司的蒋总经理在领导过程中显示了怎样的行为风格导向？

4．教授第一次和新生见面

想象在某大学开学的第一天，两位教授在两个不同的教室里上课，A教授来到教室，先做自我介绍、点名，讲解了一下教学大纲，解释了第一次作业，然后就下课了。B教授来到班级，在自我介绍和分发了教学大纲以后，让每个学生对自己做一个简单的描述，交流他们自己的专业和喜欢的非学术性活动，帮助学生们相互认识，讲解了第一次作业后下课了。两个教授的行为风格是大不相同的，A教授可视为偏重与任务行为，B教授可视为偏重于关系行为①。

思考：

一个领导者在领导过程中如何保持任务导向和人际关系导向的平衡？

第六章　领导权变理论

“权变”一词表示“酌情灵活处理，适度随机应变”，领导需要斟酌与平衡各种因素，才能做出权变的决策。领导权变理论（contingency theories of leadership）产生于20世纪50至60年代，领导权变理论又称为领导情景理论，该理论认为领导行为效果好坏，关键是领导者能将个人特质与领导情景因素相互作用、共同发挥作用，因而该理论的研究重点在于领导面对不同情况进行决策的能力。任何一个领导者的领导行为，都必须受到下属群体的动机和态度以及客观环境诸因素的影响，所以领导行为是绝对不能抱残守缺，固守成规的；但是权变也不同于“特事特办”，领导权变理论关注领导在一定阶段内的行为，偏重于研究领导在常规情况下遇到的一些问题，通过个人行为的调整，而连带的产生一种持续性的，并能够对一定范围的人和事造成影响的行为，而特事特办只是针对某件事，

① 资料来源：彼得·诺斯豪斯《领导学：理论与实践》（第二版），江苏教育出版社，2002年第1版，P28。

某个人而言的。并不能够完全影响到整个组织、大部分的下属。总的来说，某一种领导方式不可能普遍适用于所有的实际情况和群体，但是怎么权变、为什么权变、什么情况下进行权变，就是这一理论流派研究的主要内容。

一、领导权变理论本质

世界上没有一种最好的适用一切的领导行为方式，一切要以地点、时间和条件为前提。自领导权变理论产生之后，人们对领导力的研究视野就从一种对个体进行好坏与否的价值判断，逐渐开始要对宏观意义上的领导行为进行有效与否的事实判断。领导力的价值观不再单一而更加趋向理性与多元化，也更加趋向于关注组织在各种情景基础条件下，怎么样才能产生最适用于组织发展的管理决策体系。不同的组织所处的环境有可能是不同的，同一个组织也需要面临不同的局势，这些环境有可能是稳定持久的，也有可能的瞬息万变的。权变理论研究的就是这些情况下领导行为背后的理论依据。

权变理论是一种领导匹配理论，它试图将领导行为和适当的情景相匹配，并告诉领导者在领导过程中要根据情景因素选择有效的领导行为方式。权变理论认为领导行为效果的好坏，不仅取决于领导者的素质的高低和能力大小，而且还取决于对情景因素的把握和适应。

社会学家托马斯·彼得斯（Thomas Peters）指出，“我们生活的这个世界正处于空前的变幻之中，可以说是乾坤颠倒。一切都在流动，一切都在消长和变化。……新的前提，新的环境要求我们重新思考，重新检验以往熟知和相信的一切”。《孟子》一书也指出要“因人制宜，因事制宜，因地制宜，因时制宜”。

领导权变理论有两个主要的理论渊源：系统管理学派和经验主义学派。系统管理学派认为组织是一个成员全面联系并互相影响的人造系统，既有独立性，也有融合性。系统管理理论在基本模式和分析方法上提供了理论支撑，而经验主义学派为权变理论提供了实践积累。经验主义相关理论提出人员大多具有大企业的领导经验，有着长期从事领导与管理的一些方法，并且也提出了一些实际的建议，不赞成完全沿袭古人、全盘接受某些通用的管理方法。这些都对权变理论的提出奠定了一定的基础。

二、领导权变理论主要研究成果及代表理论

(一)“不成熟－成熟”理论

美国学者克里斯·阿吉利斯（Chris Argyris）于1957年[①]前后提出了个人在组织当中的发展的“成熟－不成熟”理论（Theory of Immaturity-Maturity），该理论认为，成年人在组织当中不可避免地会逐渐成长与成熟，由于组织行为是由个人行为和组织融合而成的，随着成员的成长，个人与组织的行为不可避免的会出现矛盾，并且组织越正式，矛盾越突出，如何协调这对矛盾，是每个组织领导者应当长期思考的问题。

不成熟－成熟理论认为，个人在成长过程中，将会产生7个方面的变化。包括：

①从婴儿的被动状态变为成人的主动状态；②从婴儿对他人的依赖转变为独立，同时也会和他人维持一定的联系；③从婴儿有限的行为方式转变为成人多种的行为方式；④从婴儿的肤浅、变化、短暂的行为方式变为成人的专注、深刻、能够持之以恒的行为；⑤从婴儿考虑眼前的行为转变为成人考虑长远未来的行为；⑥从婴儿在家庭当中的从属、弱势地位转变为成人在社会上与他人平等甚至支配他人的地位；⑦从婴儿的不自觉到成人的自觉自治。

不成熟－成熟理论指出，组织招收成员为其工作、适应组织的需求，是组织管理的基本特征。而由于个人在组织当中的这7个方面的变化，是在不明显、渐变的过程当中发生的，因此任何个人的成长过程都会不断地与组织产生各种矛盾，换句话说，个人的成熟会被组织抑制，使得组织与人性的发展背道而驰。

而这种矛盾在传统的管理体制内所遇到的客观问题是，既不可能转变组织模式以满足员工发展需求，也不能长期使组织与员工处于一种矛盾状态，因此对于这对矛盾的思考就是不成熟－成熟理论研究的核心问题。在阿吉里斯之前，泰勒、法约尔、韦伯都提出了传统的组织管理理论，但是阿吉里斯认为，传统的组织总是要求员工改变个人以适应组织，虽然按照传统理念、方法设计出来的组织能够长远保障个人的发展，但是这种发展却是以削弱员工的眼前发展、改变员工的理念甚至是价值观为代价的。

---

① 阿吉里斯. 个性与组织：互相协调的几个问题. 管理科学季刊，1957，2（6）.

并且阿吉里斯认为，相比较而言，正式组织更加欢迎“婴儿式”员工而不是“成人型”员工，并列举了战争期间的一所纺织厂为案例，指出纺织厂为了保障生产，不得不雇佣了一批智商只相当6~10岁女童的智障女工，结果发现，在他们的管理下，女工们的工作效率很高，没有意见、不参与讨论、不发脾气，这使得纺织厂继续雇佣了一批差不多的智障女工，参与其他部门的工作，并且继续受到公司管理者们的高度好评。

阿吉里斯认为，由不成熟到成熟的变化是持续的、循序渐进的。一般正常的人都是随着年龄的变化，生理也不断变化，心理也由不成熟日趋成熟，因此，领导者应针对下级不同的成熟程度分别指导，对那些心理不成熟或心智迟钝的人，应使用传统的领导方式；对比较成熟的人，应该扩大个人的责任，创造一个对其有利于发挥才能和有助于成长发展的社会环境。传统组织的专业分工、等级化、领导阶层等会压制个人的发展，造成个人在成熟过程中产生矛盾心理，会导致一系列的问题出现。

而解决个人成熟与组织发展的矛盾，应当妥善解决下属员工的发展水平，这是领导者需要长期思考的问题。发展水平是指下属在确定的任务时所具有的能力和积极性。如果员工掌握了完成任务的技能并有很高的士气，他们就处于较高的发展水平上；但他们对完成确定任务所掌握的技能较少而积极性较高，他们就处于较低的发展水平上。

诺思豪斯在《领导学：理论与实践》一书中指出：在确定的任务中，下属员工从低发展水平到高发展水平可以为分四类：第一种员工，低能力高士气。他们是新员工，完成任务的工作水平较低但工作士气较高；第二种员工，经过初步的工作学习和实践掌握了一定的技能，但同时也失去了一些最初的积极动机；第三类员工，具有中等到高等的工作能力，但缺乏完成确定任务的积极性；第四类员工，属于高级发展水平的部分，他们既有高等的工作能力又有高度的工作积极性。

书中同样明确提出：在确定的任务中领导者首先要判断清面临的情境的性质，对一些重要问题要进行仔细研究和明确。例如：要求下属完成任务的性质及复杂程度怎样？下属是否有较高的能力保证完成任务？下属的主要欲望和需求是什么？下属完成工作的信心和士气怎样？这些问题的明确会有利于领导者正确地判断其下属对完成特定任务的发展水平。一旦确定了下属的发展水平，领导者接下来的任务就是让其领导类型与其下属发展水平相匹配。

（二）领导连续统一体理论

美国著名企业管理学家罗伯特·坦南鲍姆（Robert Tannenbaum,）和加州大学洛杉矶分校（UCLA）的学者沃伦·施密特（Warren H Schmidt）于1958年在《如何选择领导模式》（*How to Choose a Leadership Pattern*）中提出了领导行为连续体理论（Leadership Continuum Theory），也称作领导模式连续分布场。领导连续统一体理论认为，在领导和下级之间存在多种管理行为，不同的行为取决于领导者个人的因素、下级方面的因素以及管理环境因素。领导行为在专制型到民主性之间有7种代表风格，有着不同的效果。

坦南鲍姆和施密特通过对决策过程的研究中发现，经理们在决定何种行为（领导作风）最适合处理某一问题时常常产生困难。他们不知道是应该自己做出决定还是授权给下属做决策。为了使人们从决策的角度深刻认识领导作风的意义，他们提出了下面这个连续体模型（图4）。

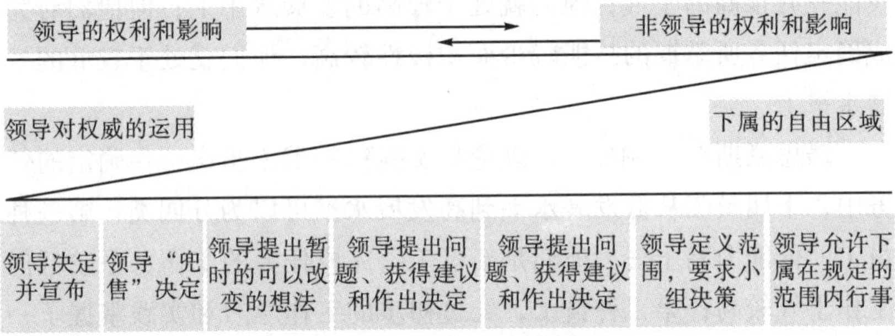

图4 坦南鲍姆和施米特领导连续统一体理论①

专制的领导方式，即以上级为中心的领导方式；以及民主领导方式，即以下级为中心的领导方式是领导方式连续统一体的两个极端点，在这两点之间还存在着许多种不同程度的专制方式和民主方式的混合形式。领导者总是选择其中最合适的领导方式以求得有效

① 里基·W·格里芬著，刘伟译. 管理学. 中国市场出版社，2008：410.

的领导。换言之，一位领导者并不一定有一种固定的领导方式，而是可能在不同的情况下采取不同的领导方式。

这7种具有代表性的典型领导模式是：

第一种，完全领导决策。领导根据实际情况发现并确定问题，考虑各种方案，组织下属一同参与执行，下属没有参与决策制定过程的机会。

第二种，领导推动下属接受决策。与第一种“完全决策模式”不同的是，领导在命令发布之前通常会选择与下属交谈或者安排下属参与相关工作，待到条件成熟，下属了解情况之后再适时让下属接受决策，增加命令执行的成功率。

第三种，领导在座谈会上提出想法与下属交流，并回答下属提出的疑问，使下属更好地了解领导的意图，互相讨论决策的意义可能的作用和影响，然后领导最终作出决策。

第四种，领导提出决策方案供集体讨论，允许修改，领导给予下属的主动性加大，但发现问题提出问题以及最终决策权依旧在领导手中。

第五种，领导提出问题听取下属集体讨论，最终作出决策。

第六种，领导根据任务的实际情况确定边界和范围，将问题交由下属做出决策，在这种情况下，需要考虑到授权的程度应当与需要解决的问题相符合，不仅明确任务的边界，也需要将决策的边界明确下来。

第七种，领导授权给下属在一定范围内自行作出决策，这种管理模式的自由要求下属有较强的自我领导能力，能够站在领导角度想问题，并为了解决问题而尝试最有效的办法。

（三）领导权变理论

美国西雅图华盛顿大学（UM）心理学家和管理学家费德勒经过大量的研究，在1962年的时候提出了一个“有效领导的权变模式（contingency model of leadership effectiveness）”，该模式亦称费德勒权变模型（Fiedler Contingency Model）。菲德勒模型认为，群体绩效的有效性取决于领导者的行为风格与情景相适应的程度。领导情景因素亦称“团体－任务”情境，是指发生领导行为所处的人际环境。它包括领导者与成员之间的相互关系（团队的气氛）、工作的任务结构和领导者职位权力三个要素。

费德勒认为，领导者的行为及其所要追求的目标具有多样性。这种多样性的存在，是由领导者之间在基本需求方面的差异决定的。因此，应当而且必须以此种需求结构来界定领导方式。这是费德勒权变理论的基本出发点。所以，费德勒将领导方式归纳为两类，即“员工导向型”领导方式和“工作导向型”领导方式（也称作关系导向和任务导向）。前一领导方式以维持良好的人际关系为其主要需要，而以完成任务为次要需求。后一领导方式则以完成任务为其主要需求，而以维护良好的人际关系为次要需求。

为了测量领导人的风格，菲德勒开发了 LPC 问卷——“最不喜欢同事评价问卷”（Least Preferred Co-worker Questionnaire）。这一问卷包括 32 个互相对应的形容词，被调查者在填表前，需要在自己头脑中回忆以往所有共过事的同事，并找出一个自己最不喜欢人，然后按照这 32 个形容词进行贴标签式的评价，每个词汇都可分为 8 个等级（最消极到最积极），最后形成的分数如果偏向于积极性的评价，那么说明被调查的领导更乐于与同事形成一种良好的人际关系，属于关系型的领导；如果分数偏向消极性的评价，那么被调查的领导更倾向于任务和生产，属于任务取向型的领导者。

具体来说，按照 LPC 问卷的调查的结果，如果这 16 个问题的评价最后的均值如果在 1.2 ~2.2 之间，那么领导管理风格就偏向为任务和工作导向型；如果得分最后均值在 4.1 ~5.7 之间，那么领导管理风格就偏向人际和关系导向型；如果得分在 2.3 ~4.0 之间，领导管理风格就处于这二者的中间状态。

表 3　费德勒模型理论

权变类型	一	二	三	四	五	六	七	八
领导—成员关系	好	好	好	好	差	差	差	差
任务结构	高	高	低	低	高	高	低	低
职权	强	弱	强	弱	强	弱	强	弱
情景的有利性	最有利			中等有利			最不利	
适合的领导风格	任务导向			关系导向			任务导向	

领导者与成员之间的相互关系是指领导者对下属的依赖、尊重

的程度以及下属对领导的信任和忠诚程度，是组织群体的一种氛围。如领导者和下属人员是相互信任和积极合作的，这个氛围就是积极向上的；相反，群体内部相互隔阂、互不信任，组织氛围就是消极的。

任务结构是指工作任务程序化的明确程度，是指一项任务的要求是否清晰或被清晰的说明了。它包括目标对成员来说是否清晰，成果的可测度如何，解决问题的方法是否具有正确性及完成任务的途径或手段之多寡等。诺思豪斯在《领导学：理论与实践》一书中指出：完全构建好的任务会给予领导者更多的控制权，而任务模糊不清会削弱领导的控制和影响。他还指出做了四种要求和说明的任务才被认为是构建好了：任务的要求被完全清晰的说明，而且为每个操作的人所了解；完成任务的途径几乎没有选择性；任务完成与否能被清晰的说明；仅存有限的正确完成任务的方法。

职位权力是指领导拥有的对下属进行奖励或惩罚的权力的大小和影响的程度。在一个组织中的领导者和各级管理人员按规定都有一定的权力，如果谁有权力聘用、解雇、提职、加薪，谁就有较强的职位权力，对别人的影响力较大；相反没有权力做这些事情的人，他的职位权力就比较弱，对他人的影响力也较小。

费德勒用了 15 年时间，调查了 1200 个工作群体，将八种类型的每一种都对比了任务取向和关系取向这两种领导行为风格，其结论是：在非常有利的情境和非常不利的情境下，任务取向的领导者工作的会更有利；在中等有利的情境下关系取向的领导者会工作的更好。费德勒不仅对领导者的工作方式作了分类，而且还对领导者的工作效能作了界定，并在此基础上深入地探讨了如何使各种领导方式充分发挥其功能的问题。费德勒认为，一个领导者，无论他采取何种领导方式，其最终目的都是为了获取最大的领导效能。要想取得理想的领导效能，必须使一定的领导方式和与之相适应的领导情景因素相配合（郑晓明，1999）。

费德勒模式是第一个领导的情境理论，它帮助了许多领导者认识到自己必须面对重要的情境因素。费德勒模式最大的优点于在它吸收了过去有关领导行为的研究成果，分清了不同领导方式能够发挥领导效能的情境。同时，它还推动了关于领导的情境本质的大量思考。

费德勒认为，个体的领导风格基本上是定型的和无法改变的，他们不可能改变行为以适应特定情境的要求，因此，如果领导风格与情境不能相匹配，费德勒的建议是改变情境来适应领导风格。这对现代社会的领导理论虽然有一定指导性作用，但在实践中不太可能完全改变情境。按照费德勒的说法，有限的改变终不能实现领导特型与情境相匹配，因而对于现实指导意义不是很大。

由于他认为领导者的领导风格固定不变，只能依靠两种办法来提高群体绩效和领导者效率。第一是选择合适的领导者，第二是改变情景（提升或者降低领导者的职权）。因而权变理论并不总是受到研究人员的支持。

（四）情景领导理论

管理理论学者、心理学家科曼（Korman）曾经在1966年提出过一个关于领导的生命周期理论（sitnational leadership theory，SLT），随后行为学家保罗·赫塞（Paul Hersey）和肯尼斯·布兰查德（Kenneth Blanchard）将其进行了发展，最终形成了情景领导理论，这是一个重视下属成熟度的权变理论。所谓成熟度（Readiness）是指个体能够并且愿意完成某项具体任务的程度（罗宾斯，2008）。情景领导理论重视下属在工作中的成熟度，认为领导的成功与否取决于下属是否接受领导的命令，取决于领导能否针对下属来调整自己的行为。该理论与阿吉利斯的“不成熟-成熟”理论相接近，是建立于“任务—下属—领导”互动关系基础上的一种领导有效性模型。

传统领导理论关注领导个人行为，却忽视了下属在接受领导命令过程中仍具有一定的能动性。情景理论在前人的基础上探索了“下属”这一因素，认为下属可以选择接受、也可以选择拒绝领导者的命令，因而赫塞和布兰查德重视下属在领导管理效果方面的作用，领导的成功与否不仅与个人特质、行为有关，也取决于下属的成熟程度。

情景领导理论认为，下属成熟度包括工作成熟度和心理成熟度。随着下属成熟度的提高，领导者可以不断减少对其下属活动的控制，还可以不断减少关系行为。该理论同样以俄亥俄州大学的领导行为四分图理论为依据，但该理论认为四分图内每种风格都可以分为高低两个水平，共四类（图5）。

S1：命令型领导方式——指示（高工作低关系）：领导向下属布置具体任务，告知任务内容与操作步骤。

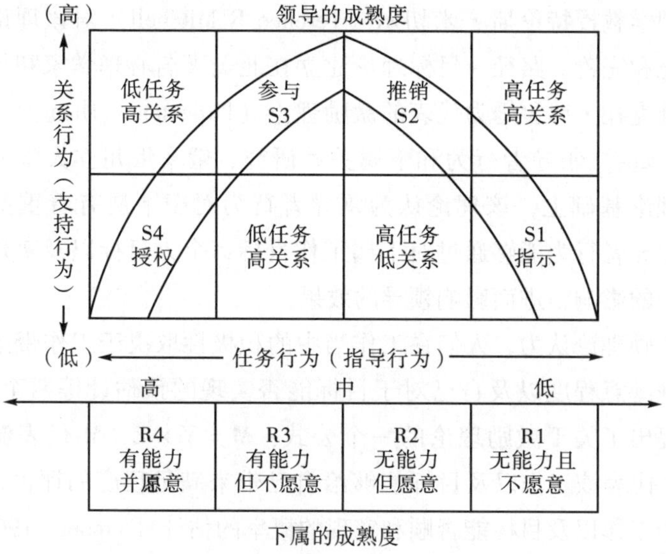

图5 情境领导理论

S2：说服型领导方式——推销（高工作高关系）：领导提供知识和支持。

S3：参与型领导方式——参与（低工作高关系）：领导与下属一同进行决策，领导提供便利与维持渠道畅通。

S4：授权型领导方式——授权（低工作低关系）：下属拥有决定权，能够独立承担任务，领导指示提供极少的建议和指示。

针对各个阶段的管理风格，下属也有对应的四种类型：

R1：这些人对于执行某任务既无能力又不情愿。他们既不胜任工作又不能被信任；选择命令型领导方式。

R2：这些人缺乏能力，但愿意执行必要的工作任务；选择说服型领导方式。

R3：这些人有能力，却不愿意干领导者希望他们做的工作；选择参与型领导方式。

R4：这些人既有能力又愿意干让他们做的工作；选择授权型领导方式。

（五）路径 - 目标理论

继权变理论和情境理论之后，加拿大多伦多大学（UOFT）组织行为学教授罗伯特·豪斯（Robert J House）于1971年提出了路径－目标理论（Path-Goal theories of leadership），随后由华盛顿大学的管理学教授特伦斯·米切尔（Terence R Mitchell）对该理论进行了补充和完善。路径－目标理论建立在北美著名心理学家和行为科学家维克托·弗鲁姆为代表的激励理论（Expectancy Theory）、伊万斯（Evans）领导者行为和下属关系研究、俄亥俄州立大学的二位构面理论基础上，该理论认为领导者行为对于下属有着重要的影响，领导者行为能够通过对下属工作目标、个人目标以及实现目标的途径的影响，进而影响领导的效果。

激励理论认为，人们在工作当中的积极性取决于工作带给人们的一种满意程度以及自己对于目标能否实现的预估计等两个方面，并且提出了关于激励理论的一个公式：$M = V \times E$，M 代表激励效果，V 代表该工作以及目标能够给自己带来满足程度的评价，E 代表对于工作以及目标能否顺利实现的概率的估计（Vroom，1964）。

伊万斯通过对领导者行为和下属关系研究发现，领导者通过向下属明确通向理想报酬的途径，并且将报酬与良好的业绩联系起来，能够实现对业绩和效率的一种积极的影响（Robert J House，Terence R Mitchell，1974）。随后罗伯特·豪斯结合以上理论研究成果，将领导在权变情景的影响下，通过对下属的影响关系结合权变的情景进行了复杂的思考。

首先，结合二维构面理论，罗伯特·豪斯认为有四种类型的领导方式：

1. 指导型领导方式

运用这种领导方法的领导者，对下属的沟通主要功夫用在完成任务、实现组织目标方面，协调人际关系花费的时间较少。这种领导方法可归结为：部署任务、重在监督；即对下属提出要求，指明方向，给下属提供他们应该得到的指导和帮助，使下属能够按照工作程序去完成自己的任务，实现自己的目标。

2. 教练型领导方式

运用这种方法的领导者，对下属的沟通既集中于目标的实现，同时也集中于在过程中维持和调动他们的积极性上。既认真详细地研究、部署工作任务，又采取各种手段有效的激励下属的工作士气。

3. 支持型领导方式

运用这种方法的领导者主要采用支持性行为，充分运用倾听、表扬、奖励等方法激励员工发挥群体的力量来实现目标。这种领导方法的特点是，领导者常授权下属决定日常工作并在遇到问题时及时提供帮助。

4. 授权型领导方式

这种类型的领导者很少关注现实目标的组织活动，也很少关注人际关系的协调和发挥下属的积极性。他们在明确了任务目标和下属所承担的责任后，将控制权授予下属，让下属用他们自己认为最合适的方式来完成工作任务。

此外豪斯引入了三种下属的因素：①下属的满意度；②下属对领导的接收程度；③下属对努力工作能够产生业绩，有效的业绩能够带来报酬的期望，试图通过研究这四类领导方式对下属的三种因素的影响。通过研究豪斯认为，领导能够在不同的环境当中呈现不同的领导风格，因而将领导风格进行高低区分的方法是由局限的，领导的管理风格是会根据下属、管理情景的不同而发生变化（图6）。这一点与菲德勒认为领导风格固定不变的观点恰好相反。

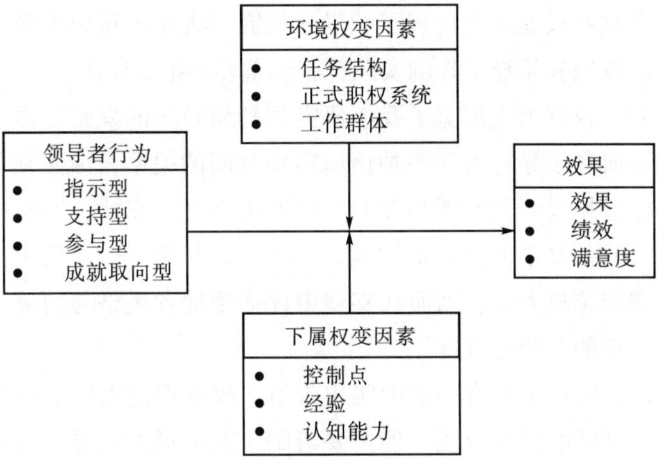

图6 路径－目标理论

根据这个模型，可以引申得出以下一些命题：

1. 领导行为应当是下属能够接受并且能够满足下属的需求，让下属满意的。

2. 领导的行为如果把下属的需求的满足和有效业绩联系起来，并且在实现业绩的过程中，帮助下属解决了问题、排除了障碍，那么下属能够更加努力。

那么可以推断出，领导的战略职能就应当包括：唤起下属对领导行为的结果的需要、为达到目标的下属增加报酬、提供培训和指导，使下属能够更加容易获得报酬，减少其中的阻碍，帮助下属明确实现目标的途径、增加其中能够使个人得到满足的各种机会。

路径-目标理论认为，当领导者面临一个新的工作环境时，他可以采用指示型领导方式，指导下属建立明确的任务结构和明确每个人的工作任务；接着可以采用支持型领导方式，有利于与下属形成一种协调和谐的工作气氛。当领导者对组织的情况进一步熟悉后，可以采用参与者式领导方式，积极主动地与下属沟通信息，商量工作，让下属参与者决策和管理。在此基础上，就可以采用成就指向式领导方式，领导者与下属一起制定具有挑战性的组织目标，然后为实现组织目标而努力工作，并且运用各种有效的方法激励下属实现目标。领导者可以而且应该根据不同的环境特点来调整领导方式和作风。

三、领导权变理论的影响与不足

以上这些权变理论代表了领导学研究过程中的重要变革，它对领导学的发展和领导工作的实践都起到重要的指导作用。

首先，权变理论拓宽了我们研究理解领导学的视野。由于权变理论主要研究领导行为和各种情境需要之间的关系，因而领导学的研究必定会拓展到领导者与领导环境的关系上。在社会实践中领导环境涉及非常复杂的多方面因素，比如，领导者——成员关系、任务结构、职位权力等。因而在实践中评估领导者风格与情境因素的关系有一定的不便与难度。

第二，该理论具有一定的实用价值。权变理论提供了一套易于人们学习理解的领导方法，但主要着眼于对人员的领导，若员工能力很低，领导者应主要采用指导型的领导的方法；若员工能力很强但缺乏士气，领导者应主要采用支持型的领导方法。这些对于领导能力的培训与开发提供了可以借鉴的依据。

第三，理论对领导者的行为风格有较好的预测性。任何一个领导者都不是万能的，不可能在所有环境下都是有效的。公司组织应尽可能将具有不同风格的领导者选配在最适宜的情境中，才能产生有效的领导。

第四，该理论强调了领导方法的灵活性。在工作实践中没有任何一种固定的领导行为和方法是最好的，领导者要针对不同的情境采用不同的方法，或者是将多种方法相互补充使用。但该理论对下属发展水平的理解和把握还不清楚，很难科学的界定下属到底处于一个什么样的发展水平上，所以目前还很难说明领导者的行为风格怎样才能与领导情境很好的匹配。

四、案例

（一）从运动员到90亿身家富豪：李宁的故事

2008年8月8号，北京，鸟巢。

李宁穿着阿迪达斯赞助的火炬手服装，在经历3分08秒之后，完成了空中漫步，点燃了北京奥运主火炬。鸟巢里的人都很亢奋，炎热的天气是一个原因，出人意料的是，李宁，中国最大运动品牌董事长，成了最为瞩目的火炬手。

当年在1984年洛杉矶奥运会，李宁获得三金两银一铜，成为万众瞩目的体操王子，那时的他，体操王子的光环笼罩在他身上。可是1988年，当李宁从汉城回到北京，中国代表团的包机降落在机场，他和“跳高王子”朱建华两个人躲在机舱里，直到所有的人都离开，才仓皇逃走，外面欢迎的人群谁也没注意到这两位汉城奥运会的失败者。也有人给他寄了刀片和绳子。

或许一切都归结于当年的体制。李宁说：“那个时候人们需要金牌，不需要体育。体委需要冠军，不需要运动员”。虽然李宁在参加1988年奥运会前2年就提出了退役，但是国家没有批准。

退役之后，李宁从健力宝起步，做特别助理，主管宣传公关。策划广告片、办消防、工商、税务等各种证件，甚至深夜赶往电视台游说总编室值班领导撤掉批评健力宝的稿件。李宁借助健力宝的资源，起步基础并不差。随后李宁成立的公司，建立专卖店，经营自己的营销体系，走向品牌公司之路，这种模式类似耐克，特点是“重品牌轻资产”，产品交给代工厂生产。

借助专卖店模式，还有体育营销，李宁公司有了高速发展。和任何一个中国民营企业一样，问题伴着发展而激化，也是中国最常见的问题：上阵亲兄弟，打仗父子兵。李宁不想看到公司里人分成李派或者陈派，他不喜欢家族制。他把自己的亲戚全部请走，并要求合作伙伴也这么做。有多少波折只有当事人才能清楚，但结果是双方的亲戚都离开公司。同事评论说，“李宁一直在追求国际化和职业化，他知道家人和队友的局限性，他心里很明白”。

在工作之余，李宁还持续学习。他说：“我想学的东西太多了，选择法律，是因为该学科可以提高人的思辨能力，以及分析事物、洞察社会的能力，对提高人的综合素质也有很大的帮助。我想随着社会的发展，法律也是人们应该掌握的基本武器，而并不是为了去当什么才去学习它。我认为读书要根据自己的需要来选择，对于我自己来说，本科这阶段的知识我没有学习过，希望通过系统的学习把这段空缺补上来，使自己的知识背景有个普及性的提高，并没想要个本科生或研究生的名字”。

出于对公司管理的考虑，他还选修了北大中国经济研究中心的经济学双学位。本科学习结束后，李宁读了光华管理学院的EMBA，并把手下十几个高管陆续送去光华或者中欧、长江商学院。随后自己又在北大历史系读了硕士，方向是中国近现代历史。最开始学习阶段，李宁公司只是一个销售额几亿的民营企业，而EMBA学费起初就要19万，后来38万，十几个高管进修费用并不是一个小数字，还要考虑时间成本，但李宁主动这样做了。

李宁公司也曾对公司产品定位有过调整，除却一部分业务，专心做运动系列的产品。2004年6月，李宁公司在香港上市，融资4.4亿港币。2004年李宁公司进军篮球，开发“飞甲”篮球鞋，并签约NBA球星达蒙·琼斯。2007年收购老牌乒乓球器材生产商“红双喜”。2009年，推出羽毛球拍系列……2009年的李宁公司，批发销售额达到83.87亿元，超过阿迪达斯，列中国市场第二位。

王学军是李宁公司东中国区销售总经理，他回忆说：“2003年，我当时管北方的业务，我们有一个产品非常畅销，就是夹克，当时叫裤子和上衣，上衣夹克卖得非常好。我记得北方基本上每季的需求都会上万件，零售价在300块钱左右，你想想，如果说没有这几万件的话，我们收入会减少上千万。这个过程当中，我们客户发现在订货会的时候，这些东西都没有了”。

这是李宁新战略的结果，公司越来越回归运动的定位，这既是创始人的希望，也源自现实的紧迫性：耐克、阿迪达斯占据一线品牌，以安踏为首的福建晋江军团紧追不舍，李宁公司夹在中间，地位显得很尴尬，一个似有似无的天花板隐隐出现。

2009年国庆60周年阅兵典礼，代表中国体育成就的花车上站着李宁，他把花束摆在胸前，不像旁边的刘翔（耐克的代言人）那样尽情挥舞。他们穿的是中国代表团领奖服，胸前印着安踏公司的logo。继2004年输给阿迪达斯之后，2008～2012年中国代表团服装被安踏抢去了。面对这种境况，李宁的策略是做大品牌。在这个行业里，一种是走零售商品牌战略，控制店面终端。还有一种是做供应链管理，走运动营销路线，放大品牌，不做生产，不做零售。李宁选择了第二条路线，这也是阿迪达斯和耐克的战略。

从活泼少年到今天心如止水的企业家，这中间发生了什么，谁也不知道。他的朋友、老师王亚非开玩笑说李宁是活了两辈子的人，因为他在年轻时就经历了人生的大起大落，这其中的落差不是一般人所能体会的。包括王亚非亲眼见过有的领导刁难："让你牛，你不就是个世界冠军嘛，偏不帮你"。

李宁的身上又有着独特的烙印，从他进入健力宝开始，就一步一步离开体制，体验各种人生，最终回归到自由之路。

李宁成了一个佛教徒，会去台湾参佛，也去无锡拜访南怀瑾，但他只承认自己是一个佛教的消费者。他保持着众多世俗的爱好，喜欢和三教九流的朋友们喝酒吃肉，和当年的队友们一起时，他显得像个带头大哥。

李宁说："不论是做什么，都是体验人生的方式。"在世界上那些以创始人名字命名的伟大公司里，我们知道福特、西门子、洛克菲勒，但是谁还会记得亨利·福特、维尔纳·冯·西门子、约翰·D·洛克菲勒……李宁会成为这些名字中的一个么[1]？

思考：

1. 权变理论的主要内容和重要意义有哪些？

2. 怎样正确认识领导情境与领导行为之间的相互关系？

3. 以上案例中的领导者是怎样正确把握情景实行有效领导的？

---

① 资料来源于《隐者李宁》，张欢，《南方人物周刊》，2010年8月2日第27期，总第220期。

（二）艺术家的文化领导力：杨丽萍的成功

杨丽萍，1958 年生于云南，洱源白族人，自幼酷爱舞蹈。1971 年进入西双版纳州歌舞团，九年后调入中央民族歌舞团，并以“孔雀舞”闻名。1979 年，杨丽萍因主演大型民族舞剧《孔雀公主》荣获云南省表演一等奖。1986 年，杨丽萍的独舞《雀之灵》获得第二届全国舞蹈比赛创作一等奖、表演第一名。1992 年，她成为中国大陆第一位赴台湾表演的舞蹈家。1994 年，独舞《雀之灵》荣获中华民族 20 世纪舞蹈经典作品金奖。2003 年，杨丽萍任原生态歌舞《云南映象》总编导及主演。2009 年，编导并主演《云南映象》姊妹篇《云南的响声》，再获成功。

从艺术的角度看杨丽萍的创作风格，她擅长从大自然当中获取表现的灵感，这种灵感不是社会性的而是纯自然的，非理性的。杨丽萍说，我“看得到一草一木，看得到河水的流动，看得到一朵向日葵从种子一直发芽、直到开花，每天紧随太阳转动，这个过程就是一个巨大的形象，一种巨大的声音，而里面的内容全是美好”。这些外在世界的信息符号投射到她心里，唤起了她内心的某种体悟，用某种方式进行转换并用完全个人化的肢体语言传递出来。无论是对生命的体悟，还是内心对于表达的渴望，以及表现的技术技巧，她都是独一无二的。这是她这么多年来在艺术上成功的根源，不过，有时候艺术上的这些特点在某些时候反而会为一个人制造最大的阻力和挑战，这也是她要获得社会认可所要突破的第一重阻碍。

2001 年云南田丰过世，苦心撑持的传习馆已经衰落。与田丰熟谙的旅游歌舞团团长王红云吸纳了馆中剩下的一批学员，并且邀请传习馆副馆长的杨丽萍来编导一部旅游题材的歌舞剧，希望打入演艺市场。经过一年多的采风创作，杨丽萍逐步开始了《云南映象》的排练，由于投资方旅游歌舞团的退出，杨丽萍不得不外出接拍广告以应对燃眉之急，随后音乐人三宝加入创作团队，并引进了 60 万的商业投资。到了后来，她正式与官方接触，通过写信给时任省委副书记王学仁、省委宣传部部长晏友琼，获得了省里的资助。虽然到了公演环节又遇到了“非典”，4 月份原定的演出也改成了录像，但在 8 月 8 日的演出之后，最终当时的省委常委丹增肯定了《云南映象》的艺术性，认为其能够代表云南省。最终在各地巡演获得成功，得到了艺术市场的认可。

杨丽萍认为，云南省政府对于杨丽萍的支持主要是资源给予和政策的帮助。因为他们知道文化是一个省的形象。从《五朵金花》到《阿诗玛》、《小河淌水》，都是一首歌、一部电影作为一个省的形象。她认为，政府关心艺术家，觉得这个东西能代表我们民族的，那么认定审查通过就行，最好不要审查通不过，最好不要有政治问题①。

思考：

艺术家群体不仅是一批能够代表一个领域人，同时也是有着独特个人观点和表达方式的一个群体。莫尼卡·史特劳斯（Monica Strauss）认为，当艺术家所涉足的领域还没有被文化认同时，这就意味着一个众所周知的程序——这位艺术家必须改变其原有的艺术风格。宣传新的风格会冒犯观众，导致观众不愿意接受艺术家的努力，这就需要“文化领导”。有时候，艺术家本身也通过提供机会承担着提升公众觉悟的任务。正如所说的那样，有的艺术家是伟大的发明者，有的艺术家是伟大的领导者，杨丽萍不仅在艺术上有着足够的创新，同时也让观众接受了这种创新。虽然在观众接受的角度上，有着一些外在的因素，但是杨丽萍个人不懈的努力，最终成功地整合了这些因素。

杨丽萍的“云南系列”作品在艺术上有着独到的创新，这也是她的艺术领导力得以实现的核心基础。在杨丽萍身上，舞蹈的现代风格痕迹要远远小于她自己独到的表现力，她一贯秉承舞蹈就是一种自己心灵的表现，不仅要展现自我心灵的真实，也要展现自然世界背后的某种“真理”——“里面的那些美好的内容”。她带来了全新的表现方式，与以往不同的表现内容，改变了大多数人对于西南少数民族的认识，更让全世界知道了云南绚丽多彩的一面。真正的改变了观众，她的领导力得以体现。这种领导力的实现不是来源于灌输与宣教，而是启迪和引发人们对于她眼中的云南之美的思考。

---

① 部分资料来源：百度百科 http://baike.baidu.com/view/68627.htm；搜狐女人 http://women.sohu.com/s2009/herstory-yangliping/；《2009 中国艺术家权力榜》，《南方人物周刊》第 47 期 2009 年 11 月 23 日，腾讯网转载 http://finance.qq.com/a/20091222/008079.htm.

当然，杨丽萍的艺术特征更多的只是一个开始，文化与艺术领导力的巨大影响绝不仅仅会止步于某种启迪。假以时日，人们才能够真正看出“杨丽萍模式”是否能够开始产生某种规范作用、是否能够唤起受众群体的主动性，通过改变更多人的行为方式而真正取得实际性的成就。不过，究竟在商业模式的运作和市场的调整下，杨丽萍能否保得住并将自己的艺术风格通过“云南系列”给固定下来，将会是一个新的值得长期关注议题。

（三）被组织“开除”的领导者

史蒂夫·乔布斯（Stere Paul Jobs），“苹果”电脑的创始人之一，1985 年获得了由美国前总统里根（Ronald Reagan）授予的国家级技术勋章；1997 年成为《时代周刊》的封面人物；同年被评为最成功的管理者，是声名显赫的“计算机狂人”。

1976 年 4 月 1 日，他与技术天才沃兹尼克（Steve Wozniak）在乔布斯养父的车库里创办了“苹果”公司（apple Inc）。一年之后，他们成功开发出“苹果二号”电脑，这是有史以来第一台具有彩色图形显示功能、键盘、电源和造型的个人电脑产品，也是第一台在市场上进行销售的个人电脑。当年公司的产值便突破 100 万美元。1980 年，苹果公司在美国上市，公司股价一路上升。乔布斯和沃兹尼克一举成为亿万富翁。1984 年，该公司已成为有 4000 名雇员、资产超过 20 亿的大公司。同年，公司发布了著名的苹果计算机。然而不久，戏剧性的事情发生了，苹果的创业者乔布斯却被他亲自请来的管理者约翰·斯卡利（John Sculley）踢出了门。

乔布斯在斯坦福大学（SU）2005 年毕业典礼上的演讲中说：“我非常幸运，因为我在很早的时候就找到了我钟爱的东西。沃兹和我在二十岁的时候就在父母的车库里面开创了苹果公司。我们工作得很努力，十年之后，这个公司从那两个车库中的穷小子发展到了超过四千名的雇员、价值超过二十亿的大公司。在公司成立的第九年，我也快要到三十岁了，我被炒了鱿鱼。你怎么可能被你自己创立的公司炒了鱿鱼呢？嗯，在苹果快速成长的时候，我们雇用了一个很有天分的家伙和我一起管理这个公司，在最初的几年，公司运转得很好。但是后来我们对未来的看法发生了分歧，最终我们吵了起来。当争吵不可开交的时候，董事会站在了他的那一边。所以在三十岁的时候，我被炒了。在这么多人目光下我被炒了。在而立之年，我生命的全部支柱离自己远去，这真是毁灭性的打击。”

但乔布斯并没有灰心，1986年，他以1000万美元的价格，从“星战之父”卢卡斯（George Lucas）手中，买下了当时小小的、很不景气的电脑动画制作工作室，成立了皮克斯公司（Pixar Animation Studios）。1995年，皮克斯公司制作的3D电脑动画片、也是世界上第一部用电脑制作的动画电影《玩具总动员》（The Toy Story）面世了。《玩具总动员》在市场上大获成功，使得皮克斯公司当年立刻上市，并迅速成为3D电脑动画的先锋和霸主。终于，1997年，乔布斯又再次回到了“苹果”公司，成为总裁。其实，乔布斯是一个备受争议的人物：他充满想象力、富于创新精神；同时，他专制、粗暴、不近人情，常常因为一句话而解雇员工……

思考：

领导人为什么在组织初期是绝对的推动力和核心，但是到了一定阶段（职位交接之后）反而成为了组织发展的障碍？这种情况的出现究竟和组织的发展有关系，还是说明领导人本身就存在某些问题？2010年，国内也出现了一个和乔布斯经历很像的人，这就是因为牵涉到商业贿赂案件而被关到北京朝阳金顶第一看守所的黄光裕。国美之争，举国皆知。黄光裕入狱后，他请来的职业经理人陈晓通过董事局推行的一系列决定，削弱了黄在公司的影响力，虽然黄的妻子杜鹃和他的律师仍然在公司任职，但是，黄陈之间的博弈仍然持续了很长一段时间。

发生在乔布斯和黄光裕身上的事情有很多个可以分析的角度，比如公司治理、职业道德等等，但是至少说明领导人在对下属进行放权过程中，需要考虑到正负两方面的效果，毕竟谁都不希望自己被自己选的管理者削弱权力，但是作为管理者，陈晓也有充足的理由：我要对所有的股东负责，而不是对你一个大股东负责。

乔布斯能够通过再次创业回到苹果公司，这种情况和个人的创造力以及苹果公司自己有一个良好的公司结构有关，乔布斯本人也能够做到“能下能上”。但是国美本身并不是一个有强大核心技术研发能力的公司，只是一个通过竞争更多的销售渠道来抢占市场扮演一个类似于电器分销商的角色，并不重在对新科技产品的吸收和整合，加上公司的话语权由股份决定，因此也很难说黄光裕通过其他方式例如购买股权、联络其他股东，能够保证对公司的绝对控制权。

发生在乔布斯和黄光裕身上的故事说明了领导人和组织之间，存在一种矛盾对立而统一的关系。领导权变理论当中的情景因素的重要性，在这里得到了体现。

（四）袁伟民的执教之道

袁伟民是前国家体育总局的局长，退休后于2009年出版了关于个人自传的《我的执教之道》一书，书中记述了他在任职期间的管理心得，尤其是他在女子排球队执教、带领中国女排实现三连冠期间的经历。

袁伟民认为，在中国女排队里，每个队员表现不同，因此带起队来，表扬的鼓励的话要背后说，但是不好的问题要当面指出来甚至批评。队员每个人脾气也不一样，因此要用不同的办法。比如：对不接受意见、有抵触情绪的，不只批评，还要增加训练。队员当中有两个人叫张蓉芳和郑美珠，他们都很好强，一门心思想练球，因此她们如果犯了错误，采取的是相反的方法，就是不让她们参加训练，站在一旁看。有一次，袁伟民批评张蓉芳，她也火了，把球踢得老远，袁伟民先叫她把球捡同来，别人要帮她捡，袁伟民也不允许，她站在那儿不动。结果教练马上宣布她停练。她哭了，一边哭一边跑着把球捡加来，就是不肯停练。

由此可以看出，作为领导者常常要考虑如何处理下属在工作中的负面情绪。可以看出，在日常训练中，队员有情绪，与教练之间发生了矛盾，领导者是教练，被领导者是队员张蓉芳，环境是被领导者与领导者发生冲突。在此问题中，领导者抓住了被领导者的弱点，对其进行惩罚，职位权力的作用在此事件中充分显示出来。被领导者积极性高，所以最终取得了良好的训练效果。

拿冠军之前，要百分之百的努力；拿冠军之后，就要百分之一百二十的努力，重点工作是抠问题。抠问题可以使人头脑清醒，继续追求，不然就停滞不前。队员们说："袁指导表扬人太不容易啊！打得越好，越要敲打你"。因为，胜利时怎么批评人，也批评不掉信心。袁伟民还有一个特点是专批评尖子队员。因为他们在带动和影响全队。孙晋芳是队长，但是受到的批评也最多，因此她也想不通："我当队长有什么好？批评挨得最多"。拿冠军以后，袁伟民半开玩笑对她说："你说有什么好处啊"？她捧着奖杯发自内心地笑了。事后的一次总结会上，所有人都说："我们的冠军是抠问题抠出来的"！

获得一次冠军后，面临更大的压力以及队员们日益狂热的头脑，教练继续带领全队走向下一个胜利。在这个时候，全队所处的环境发生了变化：已经走上世界顶峰，面对内外双重压力，进行训练。在此事件中，任务明确，队员们需要在技能上提高，而士气与积极性还保持得非常充沛，所以，在此事件中，领导者应采取类似高工作高关系的领导方式，保持一流的水准，因而又一次取得了胜利。

1982 年女排实现冠军梦之后，人们等待他们继续胜利的消息。可是在世界锦标赛刚刚开场，中国女排就以 0∶3 惨败给美国队！这完全出乎意料，是赛前怎么也想不到的，事情坏就坏在"没想到"。它使中国女排带着负分参加预赛，不仅要全胜，还要不输一局才行。此时，教练要做这种情绪转化工作是非常困难的。队员在哭，袁伟民本人也没有思想准备。但此时此刻严峻考验来了。他立即召集大家过来，要求大家把低下的头抬起来，他本人首先向、大家鞠躬，然后带队走出了赛场。有位记者过来想安慰他，但话没说，自己的眼泪就簌簌流下来了。

此时，袁伟民意识到自己的态度非常重要，自己要骨头硬，要顶住。中国队不应输了球就觉得比别人矮三分，而是要把自己的精力马上投入到下面的比赛，每场必须 3∶0 赢。残酷的战斗摆在面前，还要乐观自信，去感染队员乐观向上。他平生第一次尝到当演员的滋味。复赛前的六天六夜度日如年，夜夜失眠是过去比赛没有过的。失眠也不吃安眠药，解剖一个个队员，筹划一场场比赛，想细了，白天一件一件去解决。这真是如履薄冰，艰难前进，一脚踩不好就会掉进冰窟窿。就这样，中国女排在他的带领下，不靠天不靠地连胜六场，终于又打开了世界冠军的大门。培根说："奇迹是在征服厄运中出现的"，袁伟民对这个事情的理解是：奇迹是在严格要求中出现的。

取得冠军后，世锦赛开局不利，全队士气低落，面临重大比赛与心理的挑战。此事件中，领导者面临内忧外患，不仅要取得极佳的比赛成绩，同时还要调动队员们非常低落的士气。最终再次取得世界冠军。"好话背后说，不好的当面批评，不好的脾气要治，但用不同的办法"。这就是袁伟民的"执教之道"。

思考：

我们国家的体育训练制度是"举国体制"，与国外体育制度的普及化不同，我们的体育人才来源和训练模式、一直到参加比赛，都是国家机构完全包揽的，这也是计划体制下，要求快速出成绩而形成的一种集训制度。在国家女排以及其他体育队伍当中，教练就是全队最高的领导人，要能够了解队员的业务水平、开发潜能、最重要的是要能够面对逆境能够带领全队克服困难。这种"逆境经历"，往往是领导者最终认识到自身能力，同时向下属确定自己领导影响的一个重要经历。而领导者在经历某些事情之间，对自己的领导能力并没有完全的把握，也没有切实认识到自己是否适合、喜欢成为领导者。袁伟民在日常训练当中作为全队的领导人，履行着自己的职责，但是经历逆境之后带领全队走向成功，则是他本人发挥个人潜能，使自己领导能力更上一个台阶的重要途径。

第三部分　新领导力理论

第七章　团队领导理论

团队领导与团队建设是一种新的领导形态，摒弃官僚制是团队领导与团队建设的核心理念和基本模式。在过去，命令、指挥、控制、制度是天经地义的领导和组织行为，发展到今天则要求管理方式和管理者角色发生根本性的转变，领导行为放弃命令和控制，转向互补、互动、合作、共事，在发展组织的同时发展个人，员工之间的分工协作更加强调一种和谐的氛围，同时转向“以人为本”。这种新的领导形态是这样一个信息化、全球化竞争日益激烈，发展飞速的时代的必然要求。由于组织随时需要面对的是一个极其复杂的、变化万千的环境，在迅速变化的环境下，组织团队的“群策群力”已被实践证明能够更好的决策和解决问题，能够更加有效的整合和利用资源。在这个资源较为稀缺的时代，通过对领导与团队关系的研究，能更好的提高产品质量和服务质量，从而更好的增强凝聚力和创造力。

诺斯豪斯在《领导学：理论与实践》中说“团队是由成员所组成的组织群体，这些成员相互依赖，有着共同的目标，并且必须相互协调来实现这些目标”。这个对团队的定义中，我们注意到包含了这样几个重要的关键词——成员组成的组织群体、相互依赖、共同目标、相互协调以实现目标。

从一般意义上讲，团队可以定义为：由两个或两个以上、相互依赖、承诺共同的规则、具有共同的愿望、愿意为共同的目标而努力的互补技能成员组成的群体，通过相互的沟通、信任、合作和承担责任，产生群体的协作效应，从而获得比个体成员绩效总和大得多的团队绩效。团队与一般群体不同，与传统的组织也有很大的差别。一般群体大多数是自然形成的，传统的组织按照组织需要通过结构化把人组合起来，团队则是一种为了实现共同目标由相互协作的个体组成的正式群体，换句话说，团队是个群体，但群体并不都是团队。团队要高于群体，不是任意拼凑起来的，更不是乌合之众，而是为实现共同的目标，按照必备的条件，经过严格的组织挑选和员工的主动选择，在实践活动中形成相互认同、相互信任、有着共同愿望和共同价值观的团体。与一般群体相比，它是去松散化的；与传统的组织相比，它是去等级化的；同时，也是去强制、去强迫性的。因此，团队并不是简单意义上的群体集合。

一、团队领导的特征

随着信息化社会的到来，组织更加强调发挥团队的精神，建立共识，提升工作效率，取得共赢。对于现代人来说，想一个人去完成组织任务或达到某种目标，可能是件非常困难的事情。今天团队已成为主要的作业方式，只有那些具备团队意识并懂得协作、顾全大局、相互沟通的人，才能成为适合时代要求的人。因此团队领导与团队建设业已成为管理领域最值得关注和研究的问题。

团队领导理论是当代领导理论研究中最受关注和发展最快的领域之一，主要原因是组织面对一个千变万化、极其复杂的环境，如经济全球化的激烈竞争、高科技的飞速发展、环境和资源的保护、组织的重组等。在迅速变化的环境下，组织团队群策群力的功能被实践证明能更好地决策和解决问题，能更加有效地使用资源，能更好地提高产品的质量和服务质量，能更好地增强凝聚力和创造力。

但是事实上，在我们的现实生活当中，我们所做的每一件事情，经历的每一次成长，都和管理、领导的相关内容、步骤、甚至技巧有关，因此我们也可以在学习研究领导理论的同时，有意识的结合从自己亲身体验中习得的经验，以促进对理论研究的认识。

（一）团队领导的重要性

团队领导理论的研究和实践，首先需要领导观念和权力的转变。美国著名管理学家哈罗德·孔茨把领导定义为：领导即影响力——影响人们心甘情愿和满怀热情地为实现群体的目标而努力的艺术或过程。领导影响力强调知识的权威以及人品、作风具有更大的影响力。美国哈佛大学商学院教授约翰·科特（John P. Kotter）

则指出，真正的权力来源于知识，是建立在相互尊敬、羡慕、了解、义务和友谊基础之上的良好工作关系，是良好的业绩和较高的威望，以及人际交往能力、各种施加影响的技能等。在团队领导与团队建设中，我们应当强调领导的影响力，淡化其职务权力。确立领导即影响力、靠影响力发挥作用的观念是我们做好团队领导与团队建设的重要前提。

领导行为模式要由刚性转向柔性。当今领导行为应由刚性转向柔性，由显性转向隐性。领导者不只是靠控制、约束、命令、管理等刚性手段要求被领导者干什么，而是主要靠激励、沟通、协调、引导等柔性的方式来影响追随者；不只是靠直接的、外显的手段去指挥、监督被领导者，而是靠间接的、内隐的领导艺术去支持和获得追随者。今天领导的任务和主题不仅仅只是为实现组织的目标，还更应当注意如何使用和培养组织中的每一位成员，能够将人才留在身边。因此在团队领导与团队建设中，领导首先要建立合作关系，建立一种持久的信任关系；其次要营造一种鼓励创新和开诚布公交流的氛围，让成员充分发挥其潜能，帮助他们建立由不同且互补的成员组成的工作团队，从而增强组织的力量。

任何一个环境中的组织一般都拥有一定资源，若要实现团队行为的高效有序，很重要的一个前提条件就是团队理念。

（二）团队领导的基本要素

1. 团队理念　目前企业发展到一定规模的时候，基本都存在向“人本”“人格化”理念转变的趋势。可以说，一个团队理念的形成和导向，决定着这个团队的生存状态和未来的发展方向，甚至能够预见其成长的可能性。

2. 共同愿景　就是一个清晰振奋人心的目标。并且这个共同愿景符合团队所有成员的价值观，团队的愿景就是成员每一个人的愿景。同时，这个共同愿景之下还分为总目标和阶段目标，无论目标具体细致到何种程度，一定是能够得到大多数人的支持与真心向往的。当然，我们不可能像调整机器的精确度一样，调整和规范人的选择与取向，这又要求团队领导的有效执行力发挥作用，引导成员实现一种认同。

3. 团队目标　团队组织需具备明确的目标指导。清晰的项目规划和安排，就是一个有效的组织结构，并且是能够发挥行为力量的有效结构。在这里，需要清晰正确的区分团队理念、团队共同愿景及团队目标。团队理念和共同愿景都属于宏观意义层面上的内容，而团队目标则较为具体、微观，甚至细化到每一个团队行为，每一个步骤所需要达到的目标要求，同时，在宏观意义上，理念又比共同愿景所涵盖的范围广，理念是一种更加升华的精神指引。

4. 团队资源　在一个团队中，人力资源、物力资源、财力资源以及无形资源的整合和有效调配、管理对组织正常开展活动有着重要的作用，任何一个人的发展都是建立在掌握一定的资源的基础上，任何一个组织的发展都是建立在对各种资源的合理整合的再分配基础上的。因此，团队领导也包括对人、物、财的有效整合和分配，争取资源配置最优。

5. 过程控制与评估体系　过程控制和必要的阶段性评估，是团队领导中重要的环节。通过评估能够监控组织目标完成的进度与质量，及时发现问题。在这个环节中，领导也需要决定是否调整监控和评估的执行力度，根据反馈调整组织目标，调整后续规划。

6. 团队考评及奖惩机制　组织既要有奖励机制，也要有惩罚措施，否则下属付出的劳动得不到组织的及时认可，就很难产生愿意为组织奋斗的热望，也就更难让下属有更加积极主动地甘愿奉献的动力。有效的团队绩效考评机制和奖罚措施，是对团队成员所做出的劳动的最直接的激励方式。

（三）团队领导的基本工作方法

西方一些学者在20世纪90年代将团队领导形象地比喻为一种“媒介”，是一个信息处理者；也有一些学者将团队领导行为看成是一种“协调”，是帮助群体建立组织框架的一系列程序。他们的共同点在于着重强调团队领导不是一种角色，而是一个不断进行的过程，是不断收集信息、减少不确定性、提供方法以及克服困难的过程。在这样一个复杂的领导过程中，团队领导应掌握的基本工作方法为：一是好的群体领导者必须是一个很好的信息接受者。他们将精力集中于外部环境而非自身，要建立各种关系网络，在群体内外建构信息源的广泛联系。二是要有效地进行信息解码，领导者要仔细地分析研究所收集的信息，区分出群体情境的细微差别和独特性，有效的解释信息。三是有效传递信息、帮助群体做出高质量的决策，并采取适当的行动来解决问题。四是要善于处理好人际关系，领导者要思想开放，在分析处理团队问题时要客观公平，随着事业的不断发展应十分注意满足员工的需要。

大成就行销顾问公司董事长林有田表示，要让有能力、有意愿的人，死心塌地跟着主管打拼，并且激励有能力、没意愿的成员、提升有意愿、没能力的成员，这是团队领导者最大的挑战，要想成功的领导团队，有八个要诀必不可少：凝聚成员的感情；给成员他想要的东西；帮成员厘清未来生涯；帮成员补齐能力；以专业服人；塑造认错文化；授予权力、保留责任；创造共同愿景。

DDI 台湾分公司执行总经理刘伟师也指出，建立一个成功的团队是团队领导者的核心职能。为达到这项职能，领导者应该做到如下 5 件事：选择适当人才；厘清团队目标与方向；厘清成员的权责；取得适当资源支持团队，有效指引成员找到方法；有能力去追踪或审视团队的绩效，带领执行计划，激发团队的成就①。

二、团队领导的若干模式

（一）团队角色理论

英国剑桥产业培训研究部前主任雷蒙德·梅瑞狄斯·贝尔宾（Dr. Raymond Meredith Belbin），通过对成功组织与失败组织的研究，在大量的调研基础上，于 1981 年提出了团队角色模型（Belbin Team Roles），该理论认为，虽然没有完美的个人，但是通过个人在团队中扮演不同的角色，团队将发挥不同的效力。而要构建一个成熟、完备的团队，应当包括 9 种角色：实干家、协调员、推进者、智多星、外交家、监督者、凝聚者和完美主义者、专家。

1. 实施者 IM（implementer） 实施者原为 Manager-Worker，是指组织当中具有稳定的执行能力的人，品格坚韧、实践意识强、约束力、忠诚度和忍耐力都很高，是成功组织当中普遍存在的一种角色，但是在纯粹由实施者构成的组织当中往往会导致失败。

2. 协调员 CO（coordinator） 协调员善于处理组织内的角色关系、明确责任、细分工作内容，沉着；自信；有控制局面的能力。能够总结团队的感受和成就，综合团队的建议，并且对各种有价值的意见不带偏见地兼容并蓄，看问题比较客观。

---

① 任丽．怎样做个卓越的团队领导者．东方烟草报，2004 年 8 月 23 日（总第 1486 期）．

3. 推进者 SH（shaper） 推进者思维敏捷，更喜欢争论、挑战、以及反对性意见，追求成功，但是比较没有耐心、会有挫折感、容易伤害别人。

4. 智多星 PL（plant） 智多星是群体当中的知识分子、属于创造力最强的人，思想深刻，但是不重视繁文缛节，智多星和下面的外交员的意见往往需要监督者理性客观的评判。

5. 外交员 RI（resource investigator） 外交员交际广泛、负责外事联络和拓展业务，与外界联系紧密、能够引入外界资源，并且用于探索、接受挑战。

6. 监督者 ME（monitor evaluator） 监督者逻辑严密、擅长估算各种主客观因素，头脑清晰，思维严谨，是团队最冷静的审核人和把关者，但缺少激情与想象力。

7. 凝聚者 TW（team worker） 凝聚者擅长维持各种人际关系，以及促进团队的合作，热心助人。

8. 完美主义者 FI（completer finisher） 完美主义者追求细节、追求完美、但过于追求细节使得往往产生焦虑感。

9. 专家 SP（specialist） 专家负责组织当中专业知识，掌握核心技术，但专业过深使得视野较狭窄。

针对团队内各种人才多样化的情境，领导人不仅要做到“知人善用”，而且要“敢用人才”。领导不仅要善于把下属安排到能够发挥本领的岗位上，也要能够考虑下属在岗位上是否会长期持久的工作问题，更重要的是，也要做到有心胸能够包容在某些方面有缺点的，或者在某一专业领域方面比自己优秀的下属。只有这样，领导才能真正“用人”，否则，一味的使用不如自己的下属、或者使用自己亲近了解的下属，这说明领导没有足够的信心，领导只能是反复的“用自己”。

（二）彼得·诺斯豪斯的团队领导模型

为了提高团队的工作效率，诺斯豪斯在《领导学：理论与实践》一书提出，领导者要针对团队发展情况做好三个方面的决策。

首先，领导者面临的第一个决策是：究竟是要继续监控团队对工作目标的执行和工作过程的努力情况，还是根据已收集的团队信息采取协调行动，领导者要认真分析采取哪种行为最合适解决目前的问题。

其次，如果确定采取行动，领导者面临的第二个决策是：需要解决团队出现的什么性质的问题，要首先进行调查研究明确，团队要解决的是内在的任务或者关系问题还是外在的环境支持问题。如团队目标不清楚应进行任务协调，若团队成员间存在着冲突，则要以改善人际关系为主采取行动措施。

领导者进行的第三个决策是：领导者对团队的干预行动中应采取的最恰当的功能和技能。在《领导学：理论与实践》一书中，用图表的方式对团队领导的行动技能进行了描述（图7）。

团队领导技能和行为所反映的四方面内容：

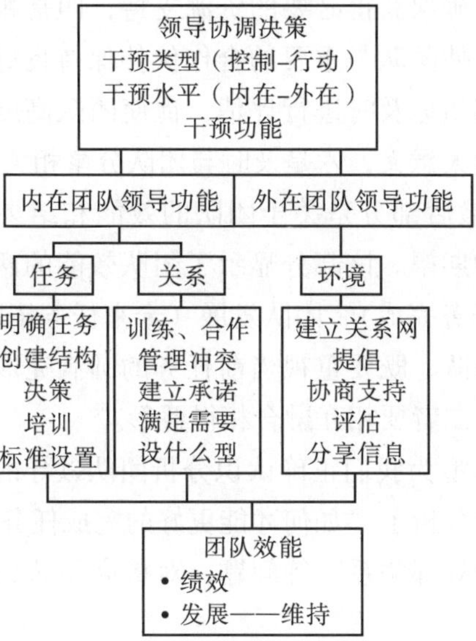

图7　团队领导模型

1. 图表中第一方面的领导技能和行为，反映出领导者需要改善完成任务的表现。即加强内在任务的领导功能。一是要关注目标的明确并获得全体员工的一致认同，二是根据目标设置的结构做好计划、组织、确定岗位、人员、任务和责任，三是为做出正确决策做好调研、分析、协调、控制、撰写报告等方面的工作，四是对团队成员进行培训，提高他们完成任务的技能，五是通过评估团队和个人绩效促进绩效水平的提高。

2. 图表中第二方面的领导技能和行为，反映出领导者需要改善团队内部的关系。一是向团队成员传授正确处理人际关系的技巧，二是建立团队内部的团结、参与、相互包容的和谐机制，三是对管理中引发的冲突要及时进行协调和干预，四是通过革新、展望、奖赏、重视等方法，建立承诺和乐观向上的团队精神，五是对团队成员给予信任、支持和鼓励，以满足他们的需要，六是建立公正、一致和规范的模范道德行为和原则性模式。

3. 图表中第三方面的领导技巧和行为，反映出领导者需要改善团队的外在环境。一是建立社会关系网络，在社会系统中构成相互合作与支持的同盟，创建有利于团队生存发展的有利环境，二是团队工作要紧密服务社会使团队成为社会的一部分，三是与上层密切联系、沟通，确保获得必要的资源支持，四是积极协调解决团队与环境的摩擦，使团队与重要的合作伙伴保持良好的关系，五是对团队效能的环境指标及时进行评估，促使团队高度重视良好环境在提高效能上的重大意义，六是及时与团队分享相关信息。

4. 图表中最后部分是关于团队的效能和结果，也是团队的成绩和未来发展的期望。该部分显示了团队效能的两个重要功能：团队绩效（当前任务完成）、团队发展（未来任务拓展）。一个机制健全运行良好的团队，既要重视当前任务的圆满完成，更要高度重视长远战略发展，二者要相互融合相得益彰。

团队领导模型为我们正确认识分析团队领导的复杂现象提供了一个工具，整体分析了“如何才能更好的完成任务”，“怎样才能正确处理好团队内外部关系”等问题，对提高团队领导能力具有非常重要的作用。

领导团队模型是一项有效的运作机制。团队领导可以运用该模型科学判断团队当前情况，以决定采取怎样有效行为提高团队的效能。首先，模型为领导者提供了一个团队情况的认知图，帮助他们深刻认识群体的需要，确定采取什么样的行动才能有效解决问题。其次，它描述了领导的两个基本功能是监控和采取行动。如果监控显示出团队运行功能是有效的，领导者就不必采取行动，应继续监控团队的内部和外部环境。如果监控显示团队运行功能发生问题，领导者就要采取恰当的措施，在外部环境要确保团队必要的资源和情境支持，在团队内部要强化任务和关系功能。

三、优秀团队的基本特征

团队领导首先要将的团队建设成为一个优秀的团队，要注重研究做什么才使团队具有杰出的表现，获取显著的绩效。因为，对团队的评价最重要的是基于他们所取得的绩效成果。20 世纪 90 年代，一些学者对现实中的团队进行了研究，为建立优秀团队的评价标准提供了基础。诺斯豪斯的《领导学：理论与实践》一书中，对优秀团队的若干特征进行了深入的分析。根据归纳的优秀团队的若干特征，领导者能够诊断团队的现状，并采取适当的行为解决问题，主要包括 8 个方面。

1. 清晰而振奋人心的目标　团队目标必须十分清晰和明确，使每个员工都能清楚的了解工作目的。群体有时失败，是因为所给予的任务不明确，却要求在具体细节上进行操作，或是由于个人得失的原因模糊、或者目标被改变。另外，组织目标必须与员工的利益密切联系，这样员工才能积极主动的完成任务。

2. 受结果驱动的结构　团队必须找到最好的结构来实现它的目标，每个团队都有着他们各自不同的工作内容，高层管理团队主要处理决策和影响力，任务团队着重处理组织计划，客户团队关注对客户的联系和服务，生产团队则忙于处理技术和生产产品。每个团队必须有一个驱动结构，如任务团队，必须有一个强调信任的结构，才能使全体员工自愿为完成任务而努力奋斗。另外，团队要让每个成员有明确的职责，有很好的交流系统，有能诊断个人绩效的办法，有注重事实为基础的评价系统。

3. 有能力的团队成员　团队必须是有关方面具有相当水平的成员组成的群体，作为一个总的群体，成员必须具有较好的技术竞争力来实现团队目标；同时也要具备共同有效工作所必须的人际交往技能，团队成员必须知道如何同他人有效沟通并能有效的合作完成工作任务；组织要不断对成员进行教育和培训，使他们获得充足的信息，使他们具有竞争力并保持竞争力。

4. 统一的承诺　常见的错误是把一个工作团队简单的看成个体的集合，团队的产生和形成需要仔细的策划设计以及实践的培训。优秀的团队能够产生认同感和凝聚力，在参与重要工作的过程中形成自己的团队精神。

5. 协作气氛　建立一个团队的协作氛围非常重要，他的基础是全体成员在诚实、理解、相互尊重和一致（目标相同）的基础上产生信任。在这样的氛围中，成员以完成工作任务为中心，相互倾听、相互配合、相互关心和支持，可以轻松接受冒险性的工作，并努力奋斗去实现目标。

6. 优秀的标准　有效的工作任务标准对于发挥群体功能十分重要，标准体现了对工作质量的要求，也体现了对团队成员工作行为的要求。常言说："没有规矩不成方圆"，团队成员的工作行为必须被规范，这样才能较好的协调行动，有效地完成总的目标。团队要设立工作任务的优秀标准，要清晰具体和可操作，并给予严格的考核，这样成员才能感到压力，才能最好的发挥自己的能力。

7. 外部的支持和认可　交给优秀团队挑战性的任务时，组织要给予完成任务所必须的资源；当团队很好的实现了任务目标，应给予他们晋级、升职等奖励，主要是认可团队的成绩并把奖励同团队挂钩，而非注重个人成绩。

8. 原则性的领导　优秀团队的领导就像是教练，指导、帮助团队成员相互协作完成任务。有效的团队领导应以明确目标指导团队成员形成较高的凝聚力，给予团队成员一定的自主权，使他们在一定条件下能充分发挥各自的才能。要帮助团队提高共享的专业知识，指导、修订团队的计划帮助他们提高工作质量和求得更大的发展。

四、团队领导理论的影响和不足

团队领导理论具有以下方面的优点：一是使领导者通过认知优秀团队的标准并运用于实际工作，可以更好的领导团队达到更高层次的水平；二是提供了对复杂情况科学认识的引导，模型将领导看成是一个媒介，其主要任务是处理团队工作中的复杂信息；三是能帮助组织选拔好的团队领导者。本理论说明作为一个好的领导者，不仅要能够及时分析诊断团队运行的问题，而且还要能够运用恰当有力的手段和方法解决好问题，即一个好的团队领导既要有较高的理论思维能力，又要有较强的组织运作能力。

但是，团队领导理论作为一个新的理论，还存在一定的不足：一是整个理论模型尚处于实践过程中，许多问题还有待于实践的检验和证实。二是这个理论模型虽然考虑到了团队领导的复杂本质，但是对团队运行仍然还是宏观上的指导，还缺乏对团队日常运行的具体指导，在领导训练的方法上，仍带有一定的抽象性。

五、案例

（一）幸免于难的慨叹——个人行为影响团队

一对恋人乘坐一辆巴士进入山区。全车人只有他俩在中途下车。他们下车后，巴士继续向前行驶。然而不久，一块大石从高处坠下将巴士压的粉碎，所有乘客无一生还。

这对恋人听说这件事后，却说："如果我们留在那辆巴士上就好了！"

当一般人都会想"还好我们下车了"时，他们为什么这样说呢？原来他们在想：如果他们都留在车上而没有下车，那辆巴士就会赶在大石落下前驶过出事地点！

思考：

1. 当一个团队面临重大险情或利益考验时，团队成员应如何考虑个人和团队整体的关系？

2. 由于某一成员的行为可能给团队带来严重后果，能否列举出导致这种困境出现的几种模式？

（二）领导者的"深潜"管理——变深度干预为深度支持

在韦尔奇（Jack Welch）的坚持下，"古老"的通用电器（GE）侵入传媒业，以大手笔收购了美国全国广播公司财经频道（CNBC）。然而与此同时，CNBC 突然有对手了！美国有线电视新闻网（CNN）的一个名牌财经主持人即将复出，而他的出现将对 CNBC 的《商务中心》栏目构成极大威胁。于是，紧张的《商务中心》主持人立即给韦尔奇打电话，恳求他发一个电子邮件来鼓舞大家的士气，以利迎战。

而一直非常喜欢这个栏目的韦尔奇说"我不发电子邮件。我为什么不能亲自与你们的团队在一起呢？"于是，韦尔奇与节目组一边喝可乐，吃饼干，一边争论着各种应对方案——整整一个星期！当他离开时，他又额外拨出 200 万美元用于节目的宣传。同时，他亲自给电视台总裁打电话，希望他在其他栏目中加强对《商务中心》的支援。其后他又使主管体育节目的总裁同意在 NBA 总决赛中播出《商务中心》的广告。结果他使得整个电视台都参与到这个栏目的运作中来。结果呢？在与 CNN 交锋的第二个星期，《商务中心》大获全胜！

思考：

回过头来看某个过程，这个案例中最核心的只有一件事：领导者为了特定目标，带领被领导者群体克服种种困难，走向成功。本事件中的领导者是韦尔奇，被领导者是他的员工，环境：出现了与其竞争的对手。在此次事件中，领导者必须是被领导者的精神领袖，所以，一定是高士气的领导者；其次，面对竞争，必须想到新的对策，这就需要领导者带领被领导者一起为了一个目标努力，明确了任务，进而提高领导团队的整体技能，这对领导的高能力也有一定的要求。

韦尔奇为什么不简单给商务中心发一个电子邮件，他作为领导深入思考的问题是什么？由于栏目组要和另外一个电视台的栏目竞争收视率，而对方也有可能是采取全民动员的方式因此，韦尔奇对栏目有着一种负责的态度，感觉到这次挑战可能光凭一个栏目组不易完成，并且一旦失败，对全台的声誉也会产生影响。于是韦尔奇亲身参与到栏目组的营销策划当中，为《商务中心》栏目提供内部和外部环境支持，同时也弱化对实现收视率的单一目标的追求，最终也是这种领导方式让他和团队取得了胜利。

（三）艺人的管理：一半是情感，一半是制度

艺人出身的赵本山，具有艺人的特质和表演天赋。所以，他更加了解如何管理艺人，光用制度去约束是不奏效的。民间艺人在赵本山的眼里都是野马，若管理者上来就给他上套，绳子会拉断的。因此，赵本山坦言：“我和他们之间，首先是感情化的，就像他们父亲一样，有时候比父亲尽到的责任还大。然后我给他们戏拍，让他们火，他就不敢‘得瑟’了。最后我把所有规矩形成制度，一条一条写出来，谁犯哪条，拿哪条钱。钱能治他们。罚款最多的，一

下让他掏10万”。

从建团之初，赵本山和党委书记田立冬就给团里制定了各种规章制度，一直沿用至今。比如《演出条例》规定，演员们每天下午四点用餐，四点半准时从基地出发，六点半在后台点名，化完妆提前5分钟到边幕候场。台上说脏口罚多少钱，不听调配，私自外出走穴罚多少钱。演员心情不好，掐头去尾，少唱几句，是绝不允许的。团里几乎每个人都被罚过，有的人罚十次八次也不改。但这些原则身为管理者和领导必须坚持，时间长了，演员们就会遵守。

剧场所有演员的薪酬由工资+奖金组成，白天拍电视剧的人再拿一份工资。团里每个人拿的钱都不一样，但在内部是公开的。通常情况下，压轴的只比头码多一倍。每一场演出都有专人给演员打分，你上台，观众去厕所的有多少，不进来看的有多少，据此调整工资。有的演员名声大了，工资会按比例做出一些调整。

不过，赵本山很清楚，情感比制度更有用。二人转艺人念书不多，但脑子转得极快，很会说一套做一套。赵本山清楚地看到：有的徒弟在我面前很老实，诚恳得恨不得掉眼泪，但一转脸儿就变了。你单纯用制度约束他，不好使。他有时候成心犯错，等着你开除他。但赵本山知道，驯野马不能上来就上套，否则绳子会拉断了。赵本山和徒弟交心。2009年以前，所有徒弟都叫他“老爸”，今年赵本山觉得“老爸”的称呼不雅，只准叫师傅了。这些年来，徒弟有任何困难，比如没钱了；家里出事儿了；有人浑犟犟地打媳妇了等他都管。大徒弟李正春去世两年了，他每年都给10万。李正春的媳妇、孩子还住在赵本山给买的楼里。赵本山的第26号弟子张小伟，其民间艺术团的现任副团长，讲到：“别的老板看中我们给他赚多少钱，但师傅不是，他觉得钱是次要的。他关心每个徒弟，谁有事儿了，他自己往外掏钱。平时，他和我们一起住基地，和大家唠家常，讲业务。在这演出，和给家里干活是一样的。”但是，赵本山对顽徒毫不客气，有时候劝不行，动情还不行，那就只能收拾他了。甚至有时候赵本山说：“跪下”，别跟师傅说别的，那他马上就跪下，让他一人自己冲着墙站在屋里。“你啥时候想好了，啥时咱们再对话”。赵本山有时候也意识到可能限制徒弟的人身自由了，但在每天实际的演出运转中，要让他们都自由起来，那这个“舞台”就乱了。王小利（《乡村爱情》里饰演刘能）是2001年参加二人转大赛获奖后第一批拜赵本山为师的，在团里他曾无数次地站在大舞台上做检讨。因为私自走穴，一次被罚过10万元。但现在，他是这里最好的一个人，心很踏实，一心想挣完钱就交到公司给大伙。

赵氏管理使徒弟们驯服，其中很重要的一个原因是，领导者（师傅）不仅在艺术上懂他们的价值，一点一个准，而且能给他们戏演，改变他们的人生。拍戏的时候，领导者（师傅）不偏不向顾及到每一个人，让大家轮着拍戏，每个徒弟都能露脸。现在，王小利负责演员的日常调配，每次拍电视剧，他和团长唐鉴军（赵本山第4号徒弟）把演员表做好，逐级上报，最后由赵本山定夺。就是这样的管理流程与管理制度，是赵本山用心维系起来的一个大家庭，本山传媒集团更像是一个豪华阵容的赵家班，用父亲般的慈爱关心着徒弟们；用伯乐般的眼光发展徒弟们；再用全国电视平台捧红徒弟们。这些都体现了赵本山的专业能力、智力水准、东北男人的魄力以及丰富的社会交往能力等领导特质。可以说，赵本山用心血和情感经营的每一个环节既是在经营着自己的企业，也是在经营着徒弟自身，使徒弟（员工）与企业的共同愿景和发展规划紧紧地捆绑在一起，通过领导者心与心的沟通方式，打动并拴住了民间表演艺人那颗冲动、奔放、热情的内心，在赵家的大家庭里奋斗与分享自己的职业使命①。

思考：

1. 你认为什么是“团队”？“团队”都应当具备哪些特征？在领导特质理论中，你认为什么样的领导特质更加适合团队领导？

2. 赵本山既是全面负责团队的艺术水准的艺术总监式的人物，也是管理团队的一把手，艺术家和领导人这两种身份，是否会为他管理团队带来某些不利？

3. 以上案例体现了团队领导的哪些优秀特征？

① 主要资料来源：《赵本山：从艺人变成心怀梦想的创业者》. 刘涛，邵帅，戴世恒.《创业家》，2009年第3期，P92－103.

第八章 学习型领导理论

随着时代的发展以及领导理论的更替变迁，虽然领导力研究经过了特质、行为、权变、团队等几个主要的阶段，但领导理论并没有止步，各种新的领导力模式在不断地被提出，人们对于领导行为的研究不再局限于某个人、某些具体操作环节，而是将整个组织结构视为领导力发挥作用的空间。传统的理论研究方式并非无懈可击，本身根据定量定型的方法所进行的实证研究总是难以有效关注整体；而若从宏观角度审视整个组织，却往往难以表述清楚宏观领导力和微观管理上的互动关系。在这种情况下，麻省理工学院斯隆商学院的彼得·圣吉（Peter Senge）在融合前人理论例如系统动力学的基础上提出了学习型组织（Learning Organization）的领导模式，提出要以一种类似“修行”的方式促成组织变革、使组织通过可持续的学习来实现进步，促进地球上所有生命系统的和谐发展。

一、学习型组织领导理论的特征

在90年代，彼得·圣吉出版了一系列阐述“学习型组织”及“五项修炼”理念的著作，引发了世界的关注。同时也吸引了国内管理学界的注意。在较早研究并引入彼得·圣吉理念的组织当中，索奥中国（Sol China），上海明德学习型组织研究所，北京中培行标技术开发有限公司等组织一直在扮演着重要的角色。他们不断地学习、消化，并更注重与管理实践的密切联系。翻译、出版圣吉的著作，并制作音像教材、组织集中培训。国内学界积极推动本土理论的创新、不断改良方法以持续地提升行业整体水平，这无疑是值得我们学习和鼓励的。

在学习型组织领导理论的具体内容上首先要理解的一点的是，所谓学习型组织，并不是某种“型”、“式”，而是“学习中”的组织，是一种保持持续获取知识的能力的组织。学习型组织的领导，需要从全局的角度系统思考，及时调整思考，从集体目标、挑战自身、集体学习三个方面入手，也需要在改革过程中避免功利态度和急于求成的心理，从而推动项目的进展，保证创新力和可持续发展力的长久实现。在学习型组织中，领导的核心地位是决定组织的革新真正得以实行的重要动力，因此，领导对于学习型模式的理解程度将是组织能否顺利提升的一个重要因素。

彼得·圣吉在2004年秋天接受国内学者包蔚然专访的时候表示，学习型组织概念的形成差不多历经了三四个阶段，最初在20世纪六七十年代中后期，他和其他领域的管理同仁之间有一些管理方面的合作与研讨，大家的一个共识就是要逐渐转变部门过于独立带来的条块分割，要逐渐开始注重整体的运筹（system thinking）。组织思维模式的转变关键在于成员要能够形成共同愿景（Sharing Version）和个人愿景（personal vision）。彼得·圣吉他们在80年代以后已经提出了对心智模式（mental model）的理解，虽然那个时候还没有正式提出学习型组织，但是其中包含的许多元素在那个阶段已经形成了。在80年代早期，他们成立了一个高级执行官的小组，每年不定期聚会，交流彼此在管理上的经验，后来他们认识了壳牌的全球业务协调与规划战略规划师阿瑞·德格斯（Arie De Geus），在德格的个人介绍当中他说他自己的主要工作是帮助壳牌公司“学会学习”的，这引起了大家的兴趣。德格随后告诉大家，他曾经花了几年时间来研究为什么一些非常成功的大公司最后是以失败告终，即使是世界500强的公司，也很少能发展超过40、50年的原因。他最后发现这些大公司当中，有15到18家公司已经有了二三百年的历史，这些公司和普通的之间的最大区别就是在于学习力上的差距（引自包蔚然，2005）。

于是彼得·圣吉在吸收他人经验的基础上，逐渐提出了“学习型组织”这个概念。学习型组织首先意味着具有一种持续学习的能力，能够为了不断适应新的变化而不断发展。彼得·圣吉将这个概念与他们之前所做的工作相结合，比如运用系统思考、建立共同愿景、心智模式的完善等。形成了我们今天所看到的学习型组织的理论体系。

（一）以系统动力学为理论基础强调要素间的互动

学习型组织的理论模式建立在杰伊·福雷斯特（Jay W Forrester）的系统动力学理论基础上。杰福雷斯特是彼得·圣吉的导师，从1956年开始创建系统动力学理论，随后用40多年的时间发展并最终形成了这个理论。福雷斯特早年研究电机工程，二战之后开始领导林肯实验室的数字计算机环节的工作，负责规划与指导美国半自动化防空系统（SAGE），在此期间，福雷斯特发明了计算机存取载体（RAM），为50年代以后电子计算机的发展奠定了重要基础。虽然福雷斯特之前在传统工程领域取得了一系列的成果，但是当他进入科技研究领域之后，对管理产生了浓厚兴趣。在麻省理工学院进行了一系列的学术研究，尤其关注组织和技术大幅发展以后员工的发展问题。

1956年，福雷斯特根据自动控制中的信息反馈原理，研究通用电气公司的存货问题，结果发现该公司的存货量变化不是来自于市场的需求，而是取决于内部信息传递的快慢与反映行动响应的快慢，于是福雷斯特开始进一步研究企业内的信息传播和决策反馈之间的互动关系是如何影响各项组织活动的，并是如何反作用于决策层的行为的。

在1961年出版的《产业动力学》（*Industrial Dynamics*）一书中，他指出：在串联式的产销体系当中，工厂生产的波动程度，远比消费者真正的购买程度大。学界普遍认为1956年《产业动力学》以及福雷斯特在随后陆续出版的《系统原理》、《城市动力学》《世界动力学》等书整体构成了系统动力学的理论结构，并最终促成了这门学科的成熟。

系统动力学理论基于一系列的企业管理研究成果之上，是以系统的反馈控制理论为基础，以计算机仿真技术为主要手段的、定量研究系统发展的动态行为的一门应用学科，是系统科学的一个分支。该理论涉及的关联学科有系统论、控制论、信息论、组织理论和当时最新的计算机技术，在处理50年代之后世界上越来越复杂的社会经济系统的问题上，发挥了重要作用。

系统动力学强调系统各元素之间的交互作用，研究与组织“动力”系统相关的问题，关注与人员、经济、生产、技术、销售等环节的动态平衡关系，并不过多分析静态的系统状态，而是关注系统在不同行为之间所产生的变化上。主要包括三个方面：系统结构、计算机仿真技术、反映行为。

1. 系统结构是指系统中相互作用的单元和相互作用的关系。结构单元之间的相互作用和信息反馈决定了系统的结构、功能。在系统思考当中，反馈的概念很广，每一个影响作用既是因，又是果，没有只存在一个方向的作用和结果。观察反馈过程有利于解决动态复杂性问题。

2. 计算机仿真技术是通过模拟系统结构中的单元之间的相互关系和信息反馈，来建立模型并获取结果的一种技术。通过计算机仿真技术，能够预测系统的变化趋势，得出系统动态变化的结果，这个结果就是系统的反应行为。

3. 反映行为是通过系统动力学研究得出的结果，根据结果来制定合理的决策与进行管理。

福雷斯特认为人类社会的发展，使得大部分问题都是处于一种动态系统之下，由于人们能之前的观点和方法都局限于静态的系统，因而对于动态系统的复杂程度认识不足，一般把注意力放在静态状态上而非动态结构上，使得有些问题无法得到真正有效的解决。

在20世纪70年代，彼得·圣吉进入麻省理工学院，进行研究生阶段的学习，他认为人类目前所遇到的问题，都是源于不能妥善处理复杂关系所致，他对福雷斯特的研究领域产生了兴趣并开始进行深入的思考。由于在系统动力学领域的努力和成绩，1992年荷兰国际系统动力学研讨会授予彼得·圣吉“福雷斯特奖”，这个动力学界的最高奖项也肯定了他在系统动力学领域的努力。

（二）以互相协作为核心实现组织全方位的转换

学习型组织的关键在于能够保持组织在一种持续进步的状态里，从而促使组织自身的管理质量提高。因为是质变而不是量加，所以并不是要进行规模的扩大和加重任务量，而是对现有的传统管理模式的变革。这种变革可能暂时会增加一些部门、增加一些人员、增加一些工作量，不过这些只是一个过渡的状态。从将来的发展趋势来看，会完善部门层次、优化人员结构、减少更多冗杂工作量，以利于组织工作效率的提高，从而把握更多市场的先机。

国内学者在众多研究成果当中都不同程度地提出了关于“学习型组织”管理的相关概念，包括定义界定、要素分析、内涵（涵义）的阐述、以结合中英权威字典为“学习”做注解等等方式。但彼得·圣吉本人从未下过具体的定义，而是根据几个主要部分关联形成的理论结构解释了一个“学习型组织”大体上的一个框架。他认为，组织当中的所有人应当不断尝试突破自己能力上限，发现一个自己真心希望的结果并愿意为之付出努力，哪怕需要奉献、哪怕没有回报，只有这样，才能够培养出自己一种全新的思考方式，通过大家一致努力实现共同的抱负，在此过程中不断一起“学习如何学习”。

但是学习型组织并不是指简单意义上的组织成员积极学习，也并不是说要学习某种理论或者某些业务技能。不是说这些学习不重要，而是对于学习型组织而言，最重要的是要转变思维，将传统的归纳和推理的解题思路，逐渐升级为为转移问题重心、甚至跳出问题看问题，因此，思考问题的角度也会由传统的单一转变为多元，个人能力和学习模式也将得到进一步的改善，最终实现组织目标。概括地说，学习型组织是一种思维的创新，这个模式包括下文将提到的几个具体的思路和一些操作工具，但最主要的首先是要有一种学习型的精神。

彼得·圣吉在他的研究当中曾经列举了一个燃料电池（Fuel Cell）工厂作为例子。所谓燃料电池是从氢气中提取热能，对环境没有任何污染，但是到目前为止还没有一家公司盈利的，但是这个公司的愿景就是“要证明这种燃料是能够盈利的”。这种要实现别人仍未能实现目标的精神，在彼得·圣吉的眼中，已经很接近“学习型组织”的精神理念了。

但是如果失去了人与人之间的合作与沟通，这种精神将无法存在。团队成员之间的关系，是影响学习型组织形成的关键因素。成员彼此之间必须建立高度的信任和理解，但实际上，学习型组织里也会存在很多分歧。有些时候这些分歧并不会带来负面的影响，而是会更能够巩固彼此之间的关系。如果大家彼此之间能够真诚，那么就能够发现彼此的分歧，就能够理解为什么一方的做法会为另外一方到来而困扰；如果无视这些分歧，就有可能摧毁彼此之间的关系；如果直接面对这些分歧，并处理它，那么就能够巩固彼此之间的关系。因为这能够使组织成员在保持自己的个性和观点的同时，又能够发展成员之间的关系。所以彼得·圣吉认为，如果没有高质量的合作为前提，人们彼此很难拥有共同创造奇迹的精神。

（三）要致力于解决问题避免制造出新的问题

学习型组织研究学者罗伯特·汉宁（Robert Hanning）认为，在学习型组织的改革进程中，并不是所有的组织都能够顺利地实现改革的初衷。有些机构臃肿、管理松散的组织不同程度的存在工作难度。所以首先必须有这样一些人，他们能够接受新的挑战，树立远大的目标，能够借助学习型组织的方法创造未来，也乐于尝试一些不同寻常的方法，这些人往往就是组织当中的领导者。

在具体的进行改革的时候，不同类型的组织有着不同的操作方式。例如，如果是技术型的组织，可能就需要从系统思考的角度、从学习型组织技术性的工具层而入手，这样，在解决到新的技术层面的时候，有人就会开始思考：我们做这些干什么？我们的愿景在哪里？这个时候，组织就可以开始进行软性思维能力的修炼和提升；如果是管理型的组织，只是希望探讨组织存在的意义和发现与愿景有直接关系的问题，那么也可以从对客观现实的反思入手，反思自身的不足，进而发现其中的问题，随后就会产生希望通过努力改变这种情况、这个体系的需求，那么组织就可以提供一些硬性的工具来帮助成员实现这个改变的过程。

由于中西方文化的差异性，彼得·圣吉的学习型组织理论在传播和衍变的过程当中也遇到了一些问题，其中既有通常在借鉴理论当中出现的“泛工具化”倾向、对相关理论的直接照搬与盲目崇拜，也有理论在本土化的过程中所产生的“水土不服”的问题等等。不过，国内目前正处在促进实现可持续发展的变革过程当中，其中一种方式就是将保持先进性、科学发展观等思想改革活动深入贯彻到实际工作当中。因此可以说，我们目前正处在向真正意义上的学习型社会转型的契机当中。最重要是要全面的了解学习型组织的核心理念。

虽然彼得·圣吉从来没有机械的下过某个定义或者某个结论、然后告诉其他人应当如何去做，但是他已经大胆的、却又细致的、具有想象力的描绘了一个组织的美好状态。我们不难发现，彼得·圣吉在理论的表达上与陶渊明笔下的桃花源记颇有几分神似，妙趣从生的世界永远是让人神往的。有时候对于组织而言，带领成员，为其他人描绘那种能够有可能去实现的美好，要比单纯介绍理论而言，更为艺术，也更人性化。

在学习型组织管理模式的学习过程中，也不应当单纯和传统组织管理模式进行对比。虽然学习型组织是对于传统管理模式的革新，但不是简单的等量替换，如果把学习型组织和传统组织进行对比、把创建学习型的方法和传统管理方法进行比照，无疑是强调了他们之间存在某些可比性，如果存在可比性的话，那么两种方法实际上都会陷入“各有利弊”的悖论；同样的，对于学习性组织的理念也应当以客观科学的态度去审视，去合理接纳学界当中反复认为的“学习型组织的重大意义”等一些观点。理论的意义在于其能够实现某种结果，当自己尚未亲身实践一次直到出现一种结果之间，对于理论的理解仍然只是停留在他人述说的层面。

因此，在组织在不断地改进的过程中，需要改革的思路、部门、人员、任务、方法，都有可能会对组织现有的文化产生冲击，都会在新老群体中产生不同的动荡，所以在运用各种方法的时候，要酌情考虑减慢速度，控制强度，循序渐进，避免产生排斥。换句话说，学习型组织的改革，既要当做促进组织发展的利器，也要防范负面结果的产生。这不仅仅是领导的任务，更是摆在所有组织成员面前的任务。

二、学习型组织的领导要求

学习型组织若要通过持续的学习和改进实现长久稳定的进步，必须要有一个稳定的核心，西方管理学界现在已经不再过多强调管理的重要性，而是更加看重领导的作用，原因很简单，就是他们普遍认为管理有时候意味着沉浸于大量工作重复和堆积的状态里，而只有领导才是实现组织不断创新的核心人物。像前面提到的几个不同的西方管理流派一样，学习型组织作为代表新领导力的一种观点，也对领导的职责和义务有具体的要求。

（一）促进和催化整个系统的转换

学习型理论出现之间，西方大企业普遍处于质量管理和经理管理的时代，爱德华·戴明（Edward Demming）博士是世界上著名的质量管理大师，他认为质量管理是对旧的管理模式的一种变革。而变革本身并没有一个持续的过程来检验，随后的学习型组织的概念，不仅关注到要提高组织的绩效指标，改进产品标准等，更重要的是把核心放在对组织传统管理模式进行变革的问题上，认为“学习型改革”需要通过较长阶段才能实现与检验。学习不再仅仅局限于对股东负责、考虑组织盈利最大化上，而更是考虑组织为什么存在、组织的未来发展等问题。

对于学习型组织的本质，彼得·圣吉认为，她是这样的一种组织：能够在学习与自我改进中不断增强成员和团队的能力，去不断实现组织成员内心深处的一种使命感，对于盈利机构而言，存在的目的不仅在于利润的最大化，还应该有更多深层次的存在的意义；

另外一方面，学习型组织的本质是一种精神和能量，大家共同来发展这种能量，在这样的组织中，大家能够相信自己能够不断创新，并且能够持续实现奇迹。

（二）引领组织向更广阔的领域发展

实现组织的不断发展，不仅是一种改革的方向，更是一个能够长期维持的状态。在任何组织当中，无论是人际关系比较紧密的传统企事业单位还是相对自由的组织例如艺术工作室，都需要领导人首先理解改革和发展的每一个环节。只有理解了改革的每个环节，在此基础上才能较好的考虑组织的战略规划应当如何实施。看起来，这并不是什么难事，只要领导人安排好下属的工作并给出具体的任务就行了。但是这里面仍然有着一些误区。首先，组织或者单位的改革是一个重大意义的问题，各个科室、各个部门的领导，都需要在自己的业务范围以内，从上往下开始实施。有时候领导只是把改革的任务分配下去，但是没有向全体下属表明有效解决问题的思路，下属仍然不清楚自己的工作和整体改革的关系如何；或者有时候领导下大力气推动了组织的改革与发展，但是过了几年或者领导人离任以后，该“项目”或者“工程”往往得不到后续的有效保证。

2006 年左右，北京市顺义区北务镇根据市里要求，陆续安装了 1000 多盏太阳能路灯，但是 3 年不到，人们发现很多路灯出现了故障，无法照明。镇新农村建设办公室负责人解释，路灯电池只有 3 年寿命，加上缺少专人维修，镇里面自己的工人技术不行，所以虽然申请了经费，但是高额的后期维护费用，顺义区已经停止安装太阳能路灯的相关大项目，只有在不便装线的山区，才进行单独安装[①]。

缺少长远的规划，虽然大项目能够很快见效，但是但是若不考虑项目以后长远的发展，任何一个看起来不错的好项目，都会变成组织以后发展的包袱。彼得·圣吉在 2008 年出版了《必要的革命》一书，主题直指可持续发展型社会结构，他深入思考了在此过程中企业、单位、学校都应当承担的一些责任和义务。学习型组织的建

① 张汉宇，田北北. 顺义 2000 太阳能路灯“失明”. 新京报，2010 年 10 月 21 日，A15 版.

立，在一个项目周期以内是可以实现的，但是学习型组织的长远发展，仍然需要全盘设计的。可以说，改革是个长线过程，领导需要考虑的问题更多，所有成员的责任更加重大。

（三）得鱼忘筌，提防“范式”陷阱

孟子说过，尽信书，不如无书。虽然“书”一字原意为《尚书》，但如今我们都能够理解这句话的意思。领导人们从“学习”入手改革组织，系统化的权衡全局利弊得失，提出改革目标和实现的具体步骤，提高组织实践能力和提升产品的质量水平，一方面要借鉴学习型组织理论体系的方法论、工具、案例，另外一方面也要思考在不同环境条件下，学习型理论的局限性和尝试其他改善组织的方法的可行性。

学习型的本意是“learning”，意为持续学习，也就是可持续发展。彼得·圣吉认为，一种常见的问题是，领导人和团队成员都把目标集中在能够获得成绩的改革上，而不是放在学习能力的提高上，另外一种现象是，通过对20世纪90年代的，在几百家企业进行的与质量管理有关的措施改革研究后发现，有2/3的尝试都失败了（彼得·圣吉，2006），并且改革力度越大，越劳民伤财，领导人的权威降低，组织的问题越得不到有效解决。因此，学习型组织改革和其他改革一样，都要防止“改革力度越大，组织越走下坡路”“改革立项越多，最终效果越差”这种局面的产生。

彼得·圣吉指出，改革的重要性在于领导人要防微杜渐，不要等到危机到眼前才开始被动抵抗，当危机真正到眼前的时候，即便是付出巨大的努力，也往往会失败。彼得圣吉从系统动力学的角度提出“滞延”现象。滞延就是在行动和结果之间的空隙，能够影响作用过程中的间歇和中断，因而管理反馈的结果往往需要经过一段时间才能够看得出来。虽然滞延本身只是一种普通现象，但是对其把握不好，延迟就有可能带来负面作用，如果及时处理延迟问题，并且将延迟时间缩短，就有可能在工作当中带来良好的效益。

例如招聘一个新员工，可能需要几周才能让其熟悉整个工作环境，但是其中如果没有及时进行上岗必要的一系列培训，以及引导以外，可能由于缺少沟通，新员工会在自己的工作尝试当中四处碰壁，沮丧并觉得自己什么也做不了，或者怨天尤人过分要求别人等情绪的出现，到那时领导再试图挽回和引导员工的士气，往往会事半功倍。

三、学习型组织理论的体系化特征

根据彼得·圣吉学习型组织理论的表述，核心学习组织的形成应当围绕以下三个方面：激发热望（包括自我超越、共同愿景）、反思性交流（包括心智模式、团队学习）、理解复杂事物（系统思考），括号内的五种理论方法分别用于形成和开发三种核心学习能力，三种能力将促使团队核心学习能力的形成（图8）。

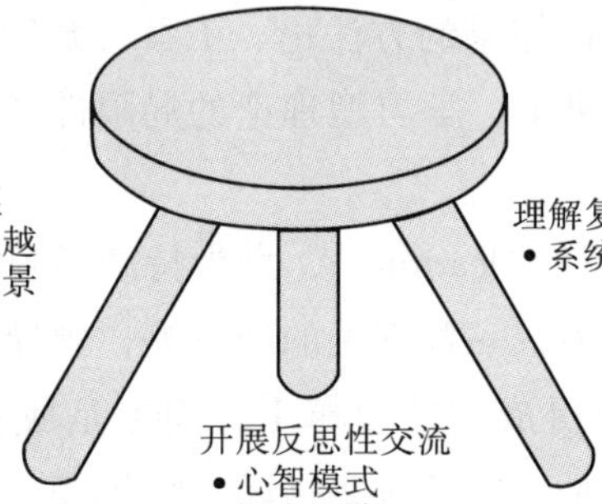

图8　学习型组织理论结构图示

（一）心智模式与反思

心智模式（Mental Model）最早由苏格兰心理学家肯尼思·克雷克（Kenneth Craik）在1943年提出。所谓心智模式，就是我们自己产生的对世界深信不疑的观念、图像和假设，有时候也随我们个人的经历而改变。哈佛大学阿吉里斯认为，虽然人们的行为未必总是与他们拥护和谈论的理论一致，但大多在我和他们所使用的心智模式相一致。

彼得·圣吉认为，心智模式是决定我们对世界的理解方法和行为方式的那些根深蒂固的假设、归纳、图像、画面或形象。心智模式与人们内心深处有关世界运行模式的图像有关，这些图像把人们局限在一种自己习以为常的思考方法和行为之中，进而影响我们的观察、塑造我们的感知方法。由于心智模式根深蒂固并且隐性的存在，因此只有逐步推动对心智模式的修炼，才能真正的开始反思。

固定的心智模式将导致我们用一种思路和方法来对待问题。调整心智模式能够逐渐改变思维方式与看待事物的眼光，典型的一个解决方式是从以事件为核心转变到以系统为核心，进而思考最终目标与愿景的实现。在系统的层面思考愿景，无论是否是同一个部门，下属在交流的过程中都能够感受到某种潜在的共识。而如果继续把目标集中在个人任务的实现上，过分思考自己范畴内的小任务和小目标，也会容易导致与其他同事发生摩擦与矛盾。

简单地说心智模式具体有以下特点：

①每个人都有自己的心智模式；②心智模式决定了我们观察事物的方法和结论；③心智模式指导着我们的思考和行为；④让我们将我们自己的推论视为事实；⑤心智模式往往不完整；⑥心智模式时间久，影响深远。

反思自己的心智模式主要通过以下几个途径：投身实践而不仅仅是停留在反思层面上，主动理解组织的长期发展变化规律，以及某些现象背后的深层原因，有针对性地将心智模式的学习实践制度化，通过一些具体的工具最终实现新的心智模式（彼得·圣吉，2009）。

1. 反思言行是否一致

反思是改善心智模式的一个重要途径。对于愿景和行为之间的差距，困难不在于差距大小，而在于是否能够一步步的认清差距所在。如果没有发现口头上说出来的愿景和具体行为之间的差距，就没有收获的可能性。

比如，开会表决意见的时候，所有人都认为某项改革是符合组织发展目标的，是适合开展的，但是部门里面私下交流的时候，却会发现大家存在不同的意见，碍于某些原因，并未表达自己的真实想法。

改善这些情况一方面需要反思，我们是否真的接受组织的发展目标，以做到自己的内心与工作实际情况的一致，另外一方面也需要接受来自他人的质疑，采取苏格拉底式的对话来实现自省。

2. 避免根据现象碎片想当然的得出结论

跳跃性推断（leaps of abstraction）与经验归纳比较相似，但跳跃性推断是一种“想当然”的结论，经验归纳是基于真实现象作出的趋于合理的结论。人的意识善于从纷繁的事物当中抽取一般特征，形成某些概念，然后进行推断和反证。跳跃性推断往往是“这个人怎么怎么样”“某件事情如何”之类的话。根据个别现象得出的结论往往带有较强的个人主观视角，不仅不全面，也容易有失偏颇，如果在工作中带着这些跳跃性推断去处理事情，往往会带来一些意想不到的结果，阻碍组织目标的实现。

3. 主动暴露自己在行动中的所思所想

左手栏（left-hand column）是揭示交流当中的真实感受和想法的一种练习，是用来发现交流当中的潜台词、言外之意的一种方式，通过练习不仅能够意识到心智模式的作用，而且还能够练习坦率的接受自己的潜在假设。下面的某次工体谈话作为左手栏分析的案例。

同事在演出结束后向我反馈某次演出的票务销售情况，她作为临时指派的负责人，我很关心她是否能够除了汇报这次的销售业绩，是否还会总结其中的一些管理方面的问题，例如，工作人员的服务态度和业务水平问题，随后，她和我有以下的一段对话：

我：到目前为止？情况怎么样？

同：还行，基本上大家都很辛苦，由于这个演出广告时间晚、大家知道的少，所以来买票的人不多。

我：到目前为止有没有什么问题？或者其他的有什么情况需要注意么？

同：还好，大家这次都很辛苦，时间紧任务重，天气还这么热，这个星期我一直都在外面，都晒黑了。

我：这次结束了之后，大家可以好好休整休整，有布置新任务么？不过要先做一个项目总结或者经验交流吧？

同：我希望下一个阶段能够加强会员招募力度。看起来我们需要招一个人来负责这个事情。找个时间所有人一起吃个饭吧，然后去唱歌。

我：嗯

左手栏分析如下：

我所想的	我们所说的
	我：到目前为止情况怎么样？
看起来没有什么实质性的内容	同：还行，基本上他比较满意，由于这个演出广告时间晚、大家知道的少，所以来买票的人不多。
汇报就是一个形式，能不能说点实质的？除了面上的原因，总能发现些关键的问题吧？	我：到目前为止有没有什么问题？或者其他的有什么情况需要注意么？
	同：还好，大家这次都很辛苦，时间紧任务重，天气还这么热，这个星期我一直都在外面，都晒黑了。
至少弄一个像样的总结，或者内部讨论吧？	我：这次结束了之后，大家可以好好休整休整，不过要先做一个项目总结或者经验交流吧的么？
	同：我希望下一个阶段能够加强会员招募力度。看起来我们需要招一个人来负责这个事情。找个时间所有人一起吃个饭吧，然后去唱歌
看来不改变谈话策略，是问不出来什么有价值的话的。	我：嗯

在这个例子里面，我对同事有一些基本的假设，一个是她不愿意对着我说真实的想法，尤其是说说问题和不足；另一个是她根本就不可能发现问题，只会一味地做一些简单的分内工作，缺少发现工作当中的可能性的眼光和感觉。这些假设也许不正确，也缺少有效的沟通，只是“我”个人想法，但在交流中，“我”并没有直接就心中设想的去询问，而是回避了核心问题，绕开了我想去弄清楚的一些事实。

但旁敲侧击，同事并没有直接正面回答，而是自顾自说的讲自己认定的事实：问题出在广告和演出项目上。显然我对这个答案并不满意，希望进一步的沟通能够让她说出可能存在的“我们自己的问题，下一步应当采取一些措施”等。但没有任何实质性的进展，“我”和同事在交流当中所达成的一致也非常有限。说来说去好像都能够取得共识、彼此认同，但对实质性的问题和下一步的具体措施闭口不谈。看似彼此工作关系很协调、很和气，但是收获非常少。

为什么“我”不能直接表达我对于售票人员服务态度和业务水

平的忧虑？为什么我没有说，“譬如我们在看待问题的时候应当从自身找起，而不是从外部寻找原因？”的话？比如“我们应当寻找自身的问题，而不是把问题推到广告发布时间太晚、演出项目本身质量不行等方面”等。或许在其中除了同事关系以外，“我”觉得人际关系亦需要维护、一旦争论起来，以后合作关系可能会变得非常微妙；或许性别也是工作当中的影响因素；或许是因为“我想”保持一种轻松的谈话氛围；或者是认为同事不可能接受直接的批评。但不管是什么原因，谈话效率很低，而“我”潜意识的希望在不抛出自己观点的同时，希望能够“把控”整个谈话氛围和导向，“趋使”谈论“我”希望的话题。

但类似的愿望确实比较难以实现，除非谈话双方都能够改变交流的方式，能够更加坦率和直接地就事论事、讨论问题。通过左手栏的练习，我们看到了交流背后的真实意图，因而可能需要借助一些原则方法以及调整自己的思路，从而更好地改善彼此的交流。

4. “询问和表达的平衡”

工作的历练使人掌握了很多所谓的技巧，有些内容学校不会教授，但大多数人都会对这些规则心照不宣的悄悄学习，例如如何有效地表达自己的观点，如何说服别人、如何让别人支持自己把工作完成、如何把本属于自己的任务不露声色的分给别人等等。但实际上，尤其是公司的管理者，其基本素质并不在于这些征服别人或者征用别人的能力，而在于有效地解决问题。学习型组织的核心“询问和表达的平衡”（Balancing Inquiry And Advocacy）实际上就是沟通与交流的能力，避免产生两极分化，也避免固执己见，也避免交流障碍的产生，这种能力不同于那些工作中的小技巧，更能够揭示现象的本质，有效的实现工作的沟通与人际之间的平衡。

具体来说包括宣扬自己的观点、探寻对方的观点、化解僵持局面、避免不自信与犹豫四个方面（彼得·圣吉，2009）。首先，表达自己的观点在于，除了表达观点以外，也要把推理的过程表达出来，鼓励对方提出不同观点，在自己的观点中引入对方的观点；其次，探寻对方观点要求，把自己对对方观点的意见和推理的过程一并表达，避免回答自己不感兴趣的对方的观点；第三，在交流陷入僵持局面的时候，应当考虑是什么原因改变彼此的看法，并且询问可能带来新进展的一些方法；最重要的一点是当彼此对交流不自信的时候，不妨和对方一起克服障碍，探讨产生问题的根源。学习型组织理论认为，能够坦诚并去体验询问和表达的平衡，实际上意味着主动承认自己思想的局限，所以，值得注意的一点是，如果不是真的好奇并且愿意改变自己的某件事的心智模式，一般不建议采取这种方法。

（二）系统思考关注全局发展态势

系统思考（system thinking）具有以下一些特点：系统与生俱来拥有目的性；系统中各个部分以特定形式结合起来，使得系统能够实现其目的；子系统在更大的系统中能起到某种特定的作用；系统趋向于稳定；系统具有反馈性。

我们可以根据一个组织来理解系统的含义。例如，一所学校的目的在于教育学生，学校的各个部门按照不同的分工结合起来，使得整个学校的教学秩序能够正常运转。一个学校有大的教学系统，而各个教学部门内部根据不同分工，在学校系统当中发挥的作用也有所不同。当学校在制定新的五年计划当中把对外拓展作为主要的业务，那么学校办公室、外事部门就会在一段时间内成为学校的“热点”部门；当学校要进行学生培养目标和培养计划的新的改革的时候，教务部门就成为了重点和核心。

系统思考的三个基本构成要素是正反馈、负反馈、延迟。

1. 系统当中的反馈有正（放大）反馈（Reinforcing Feedback）和负（稳定）反馈（Balancing Feedback）。正反馈是一种增长式反馈，是导致微小事物不断发展再增长的根源，使物体朝向一个方向发展变化。只要处在一种发展、增长、增加的局面，就会有正反馈的存在。正反馈包括良性的反馈和恶性的反馈，都和发展过程中增长和衰减的速度有关。例如，股市中股票卖的人越多，价格越低，低价格将持续引发更多人抛售的恐慌，最终将导致股市崩溃。在《第五项修炼》一书，彼得·圣吉曾经列举皮格马力翁效应作为正反馈的例子。所谓皮格马力翁效应，是指古希腊古罗马神话中有一个叫皮格马力翁的人物，这个人十分强烈地相信他的雕塑作品就是美丽的少女，以致雕塑最终得以活现，有了生命。

但在一些组织当中也存在利用正反馈来实现目的的行为。例如以往美军在朝鲜和越南的行动都导致了最终的失败，虽然没有任何名目，但无疑都是为了维护美国在世界上的利益。从海湾战争以来，美军在每次军事行动当中都加入了一个名头甚响的称呼，入侵巴拿马的行动称作“正义行动”，在伊拉克的军事行动就称作“震慑行动”“斩首行动”等，在阿富汗的军事行动就称作“利剑攻势”、“共同行动”等，希望在行动前先声夺人，取得尽可能的主动优势。

2. 负反馈是一种稳定式反馈，使物体保持在一定水平上，并且以目标为导向，也是阻力的来源。只要目标存在，那么负反馈就会根据目标来影响具体的行为。负反馈是一种组织自动维护某种平衡的状态，是可以被掌握和控制的，例如，服装生产部门通过观察，将每个月订货120箱调整为每周订货40箱，周五下单，周日到货，借助“看板工具[①]”实现一种仓储环节的平衡，满足预期的需要。

除了显性的稳定以外，还有隐性的稳定。例如团队当中有人不适合现有的工作，但是就是无法进行人员调整，只能依旧让其从事现有工作；有些部门的集体工作中，大家并不愿意提高工作效率，只愿意甘愿维持某种彼此之间的平衡状态，不愿意太忙，也不愿意太闲，不愿意多做事，也不愿意一点事也不做。

负反馈也容易导致更严重问题的出现，并且难以被察觉。在一所大学里，为了提高教学质量的教学改革如火如荼地进行着，但人们很快发现，改革进程日复一日，但是问题依旧出现，学生质量总是或多或少的存在这样那样的问题，虽然其中可能有一些变革的阻力，但是无疑也有一种隐性的习惯和传统结构所导致的“负反馈环路”。

3. 所谓延迟，可以理解为：是一个变量的作用在出发以后，需要通过一定时间，才能到达另外一个变量的环节，并且仍需要一段时间，才能够在后一个变量上产生效果。在正反馈和负反馈过程中，都存在延迟现象，并且如果忽视这种现象，将导致严重的后果。

根据正反馈、负反馈、延迟这三个元素，彼得圣吉提出了在人们日常工作和生活当中所反复发生的复杂结构，并总结为“系统基本模式”（system archetypes）[②]。

---

① 看板，又叫传票卡，是表示某到工序在何时需要何种数量的某物料的卡片，包括生产看板和传送看板，决定了生产环节的所需配件以及数量。

② 旧译“系统基模”，后译为“系统基本模式”。

系统基本模式，是一种用来阐释相似问题的系统图。一个基模就是一个系统的模型，它能够帮助我们观察行为和互动将如何影响系统内不同要素。根据系统基本模型，如果能加强系统思考，那么就能够有可能从仅对于现象做出呼应，到转变为一个更加积极、有创造力的思维方式。

例如，“增长极限”模式是一段时间内加速增长或扩张的自我增强过程，但是随着阻力的增加，发展的过程可能将逐渐完全停止，甚至有可能逆转、倒退。

（三）愿景引发人们的热望与追随

愿景[①]（Shared Vision）是组织高屋建瓴的关于长远发展的规划，有了目标的组织才会有创造和创新的可能性，下属才会有不断学习提升自我能力的真正动力。愿景和其他学习型组织要素一样，是解决组织内部深层矛盾的一个重要方面。愿景一词 Vision 中 Vis 这个前缀是一种人们在视野范围内看到的远景、美景。换句话说，愿景代表了一种能够看得到的美好的未来，是一种站在山顶向远处眺望风光的感觉，也是一种站在海边看风景的境界。这种美景看得见摸不着，但是通过努力能够达的到，是一种理性设计和感性冲动的结合。这是愿景的第一层意思。

从某种程度上来说，愿景包括共同愿景和个人愿景。共同愿景是全体成员一致行动的理由，体现的是大家对组织的忠诚。共同愿景来源于个人愿景，不仅仅关注个人的行为，同时也把个人价值观、期望、向往集合在一起。在组织中，愿景是大家心中一股共同的力量，是一种默契，也是一种彼此鞭策的动力，具有集体感染力，是对于目标的真心的期望。而个人愿景体现的是个人对自我的认同，是个人为之努力的理由。个人愿景发自于内心，是对于外来的图景呈现，能有热切的愿望去实现目标，受此鼓舞，能够有克服困难的勇气和毅力，更重要的是为了愿景的实现，能够去尝试自我修炼，不断学习以提高自身，改进效率。

愿景实际上是要求设置一个“对，就是他”之类的预期目标。在这个目标形成过程中，我们能够自觉不自觉的发现一些能够实现

---

① 在国内学界，对于 vision 的译名有“愿景”和“远景”之分，虽然名称不同，但是核心内容是一致的。这里的“愿景”仍然遵循《第五项修炼》中文版本的表述。

目标的图景与方式，好比建筑师在思考盖楼的过程里，已经自觉不自觉的设计好了各个层面衔接的方法。

由于愿景是对传统组织契约制的一种重新认识，传统组织也比较强调个人与组织的交换、互补、二元关系，因此愿景的确立，意味着肯定了个人是组织的重要基础、一个重要的组成部分。个人会更有集体感和抱负感。很难想象没有愿景的组织能够出现真正的大师级人物。缺少愿景，没有真正的理想和伟大的追求，人们自觉不自觉地会追随那些应景的需求，甚至功利的结果。不仅日益消减组织内部人才生成的土壤，还将导致外来人才的流失。换句话说，按照马太效应，肥沃的土壤很容易就变成贫瘠，贫瘠的土地将更加贫瘠，最终一无所有。这是远景的第二层意思。

愿景第三层意思在于愿景具有长远规划的作用，但不同于战略规划。战略规划更加偏向通过内外部各种条件实现目标，而愿景是制定战略规划的来源。愿景的生成并保持下去，越来越需要某些方法进行培育，而不是任其自生自灭。愿景建立在个人理想基础上，只有成员主动以很强的个人志向走到一起，而不是来自于上级的指派与外在的强加，而是在共同思考、集体参与的基础上，能够真正产生发自于内心的渴望。虽然每个人对于目标的追求和价值观有不同，但是这种不同，恰恰是组织文化多元以及集体远景形成的动力，有差异，才有合作性，而一致，并不会消除矛盾。关键在于通过系统分工、协同合作、集体参与、热情的学习等若干环节设计出最符合组织发展的愿景。

福特汽车公司在 1910 年建立海兰公园工厂，开始生产 T 型车，在随后的 17 年里，T 型车一共生产了 1500 万辆。能有如此销量，主要是缘于亨利·福特设计的“要让所有人都能买得起 T 型车”这一愿景。为了尽可能地降低汽车的成本，公司先后通过设计发明流水线、提高工人工资等方式，使 T 型车长期占领美国汽车市场。但是到了后期，公司愿景没有根据企业实际情情况进行调整，整体上的经营管理模式没有革新，当初设定的公司愿景已经没有办法适应市场其他美观大方的新车型的竞争，消费者们逐渐放弃多年来外形不变的 T 型车，福特汽车公司一度陷入了低谷。

愿景的系统环节包括从提出构想到共同愿景、进而推广愿景发挥真正的效力。在一个企业当中，愿景形成的关键并不在于是谁提出一个什么样的宣言或理念，而是这个愿景的形成有着一系列的实际的基础。福特汽车公司的愿景是一个理念，它的实现有赖于公司提出的流水线、高日薪等手段，也有赖于各个部门的配合。

愿景成功的前提之一是企业要积极适应市场的变化，但导致愿景失败的一种常见原因是，领导者花费大量时间思考提出一个愿景，但是由于形成过程没有调动所有人的热情，或者缺少沟通与交流，因而大家在接受愿景的时候，有人冷淡、或者违心的接受，因此愿景很容易变成一句口号。可以说，好的远景能够促进组织的发展与目标的实现，而无效的远景不仅容易浪费大量的人力物力，收效甚微，甚至还会造成矛盾和内耗，削减组织的生命力。

（四）超越自我，追求卓越

所谓自我超越（personal mastery），是一种类似于佛教的自我修行，不断地创造、追求、体悟自己生命成果，感受大千世界而拓展自己的生命力，呈现出一种积极的成长和学习的进步。自我超越虽然以一定的能力和技巧为基础，进而实现精神方面进行拓展与开放，但核心最重要的一点在于澄清最重要的事项和更加清晰的观察现实。并且自我超越并不在于单纯提升组织当中的个人能力以促进组织的发展，而是在组织发展的前提下，有效地实现个人的发展。但是在传统的组织当中，雇员制当中的“付出劳动力以换取报酬”的意味，更多地显示的是组织和个人之间的关系是博弈，而不是共同成长。

首先，自我超越具有一定的原则和实践方法。

自我超越不仅是一个自我提升和学习的过程，而是通过愿景的引导，从而为自己创造一个能够持续改进的结构，进而通过这个结构和愿景，将自己顺利带向最终目标。虽然在日复一日的生活与社会现实当中，大多数成年人已经没有了什么真正的远景，而只有一些单纯的目标，以及一些“负面愿景”（negative vision）①，以及自我在和现实的妥协当中不再对自己忠诚，也没有对生命的“真心的关怀”（genuine caring），这些都是树立个人愿景最主要的障碍。除

① 彼得·圣吉认为，如果问成年人想要什么，很多人实际上说出的是他们想“不要什么”。想要“一份更好得工作”，实际上是“不想要现在的工作”，想“住在更好的社区、不必担心犯罪、不用担心孩子、不用担心老人、让自己的腰疼好起来”，这些就是“负面愿景”，也是很多人一辈子试图融入主流、应付社会、解决问题的人生副产品。

此之外，在现实与愿景之间，也存在着一些艰难的挑战，大多数人都在试图平衡一些矛盾，追求愿景和目标的最终实现，但仍需要极大的毅力去克服其中的焦虑感、挫败感、平庸感，以及认清其中的盲目乐观感。人性是复杂的，有时候超过了我们的理解，既渴望实现愿景，又对未来心存畏惧，既渴望变革，又害怕被改变。要明晰个人愿景、保持一定的愿景动力，了解不可解被改变的结构性冲突、认识真实情景，进而运用潜意识去加强对目标的关注。

其次，自我超越要考虑到是否存在不可避免的结构性冲突。

学者弗里茨认为，在目标实现过程中，有时候会遇到一种让你认为目标难以实现的感觉，这种感觉就是结构性冲突。所谓结构性冲突，源自于深层的矛盾，虽然可以通过一些手段得到缓解，但是单纯解决结构性冲突无法消除真正的问题。也容易让我们忽视更大的矛盾。常见的自我缓解手段包括降低目标、制造矛盾、自我激励，他们都是我们希望直接解决问题的一些方法。其中制造矛盾这种方法，就是通过更大的人为冲突，来操纵能够实现目标的工作，尤其在一些社会性的工作上，制造矛盾，能够暂时靠近目标，但却忽视了真正想要实现的，往往离目标越来越远，例如反对吸烟。

据网易新闻中心引用澳大利亚广播公司的报道，澳大利亚政府从2010年4月30日开始，对香烟开始增收25%的消费税[①]。也就是说，一包30支装的香烟的价格至少要涨2.16澳元，才能抵消增加的消费税。

反对吸烟并不能够真正解决人们的烟瘾，以及消除市场对于香烟的需求量，只是一种暂时的手段，不能够真正消除吸烟。并且，即便能够通过某种手段全面禁烟，那也必须要考虑到，人们如果不吸烟，那么对于寻找其他替代品的可能性是否存在。社会是一个能够自我平衡的系统，为了禁烟而进行的一些措施，也容易引发其他相关方面的变化。学习型组织理论认为，解决这些结构性冲突，关键在于我们要认清事实与真相，转变心灵的结构模式。通过集中对目标的关注，引发自己对目标之后更深层的渴望。

第三，自我超越的可能性结果：消极回应与积极创造。

---

① 《澳大利亚强硬立场反对吸烟出台铁腕政策》，陈霞枫，网易国际在线（北京），2010年04月30日，http://news.163.com/10/0430/15/65HF7LAB000146BD.html

一旦组织或个人希望在现有基础上进一步完善，那么会遇到两种情况：消极回应或者积极支持。

消极回应来自于对自身排斥事物的下意识反映，按照一种观点的说法，当人在反思和提升，乃至修行的过程中，确实会出现一种对待客观现实消极和反思的状态，这种状态发自于人性的自我意识、独立性增强而带来的孤独感，也来自于对外界客观现实的反思和批判，但是，这种态度只能暂时处理内在自我与客观现实的关系，而真正要将自己从不完美遭遇当中转变的，还必须有一种积极创造的精神。

积极创造，来自于对客观世界遭遇的思考，与“共同愿景”的形成过程一样，关键不是在于创造什么，而是如何产生创造性的动力。要从根本上思考：“我要的是什么”、“我是谁”、“为什么要这样”、“为什么在这里”、“怎么样做”等等一系列本质性的问题。只有从根本上反思、去辨析一些概念，才能够将自己带出消极的泥淖、在客观现实中冷静思考，进而进入一种积极振奋的新境界。

（五）常态化的团队学习

团队学习（team learning）是决定优秀团队和平庸团队的核心行动之一。优秀的团队能够几乎以察觉不到的方式来运作，平庸的团队往往在彼此之间由于缺少一致性而带来无谓的内耗。虽然通过命令下达能够使组织成员保持某种外在的、强制的、人为的一致，但发挥个人和团队的创造力程度有限，脱离平庸团队的主要途径就是通过具体的措施将学习常态化，不断升级组织系统的软实力。

团队学习包括深度汇谈和商讨两个部分，深度汇谈要求放下习惯性思维方式，对于复杂性问题，要能够坦然的互相聆听。商讨主要在于比较不同观点、阐述和讨论各种可能性，彼得·圣吉认为大多数团队尚不能很好地区分这种差别，也无法在两者之间进行有意识的交换。加上组织成员在交流的时候带有“习惯性防卫”态度，使得组织内交流与合作的基本渠道很难畅通，只有在沟通顺利的情况下，合作才可以通过实习和演练逐步实现。

并且团队任务的形成与其他因素密不可分，愿景产生明确的任务、系统思考带来操作的方法，自我超越保证在任务实现过程中能够调整思路，实现创造。领导和管理团队学习，需要深入思考和明确复杂问题，进而能够孕育创新的、协调的行为，并且能够发挥超出团队的作用、能够影响其他团队的行为（彼得·圣吉，2009）。团队学习主要有以下方式：

1．商讨与深度汇谈

商讨是一种彼此观点交流碰撞的方式，彼此之间的意见、看法根据多方视角的不同进行彼此分析与探讨，在争论的过程中，每个人能够学会表达自己的观点、并学会如何说服他人接受自己的观点，如果需要的话自己也会接受别人的观点，但关键也是为了让自己的观点最终被接受。

深度汇谈是一种创造性的交流，是在某些场合大家彼此交换深层思考，带领所有人到一个新的领域，超越个人的观点。例如，在人生的某些阶段，我们能够有过这种“一次谈话影响了我的一生”的这种感觉，但是这些都是临时随机出现的。国外学者归纳了这类深度汇谈出现的规律，总结了能够使其出现的一些基本条件，认为最重要的一点，在于所有人放弃成见，平等对待其他人。

2．面对现实的冲突与习惯性防卫

乐器之间互相配合，才能够使交响乐乐队协调一致，演奏和谐的乐曲。但是和谐并不意味着单纯的统一，彼此的对话、交流、沟通，才能够产生伟大的团队。由于个体成员在个人愿景、系统思考、心智模式上彼此不同，因而在平等对话与交流的团队内，只有接纳别人观点，并坦然面对现实与个体的冲突，才能够带来创造性的思考，一味地表达个人观点忽略交流，不仅无法消除间隙反而会加大反作用力。

创造性地思考，是团队发展的核心。在面对问题的时候，如果不能够正确处理好问题本质与个人习惯性做法之间的关系，所提出的观点只能够是用一个错误来解决另外一个错误，让问题无法得到正确解决。

3．团队学习的实践演练

消除个人成见以及潜在的定式思维的能力，需要通过一定的磨合才能够实现。团队学习的类型既包括一般商讨，也包括能够带来创新能力的深度汇谈，与头脑风暴法不同的是，团队学习当中的每一个人要能够“悬挂”自己的观点，在一种开放的氛围内交流，对组织本质的、文化上的问题进行探讨。并且在稳定的团队中，产生的观点往往有充足的时间实验、测试、演示。而不是一旦决定了就投入到实践当中去。

蒙牛集团创立至今，形成了有特色的内部学习方式。创始人牛根生讲究学习的两种方式，一种是个人学习，一种是团队学习。他认为，做总裁有两个共振要记下来，一个是核磁共振，一个是传统共振。传统共振就是部队过桥的时候步调不能一致，如果一致的话就产生共振，桥就断了。蒙牛走到今天，跟共振是特别有关系的。学习，产生的结果先是共识，共鸣，然后是共振。所以，学习一定要共同学习。为了能够实现团队学习，他先后多次为数百名团队成员赠送书籍、光碟、DVD 机；并且形成了在每个星期 2 下午进行一次学习的“全员学习”的习惯，包括高级管理者、中层管理者、基层管理者 3 个层次[①]。通过学习，仅在 2009 年一年，蒙牛就荣获“改革开放 30 年内蒙古快速成长企业先锋”称号。国家统计局、中华工商联合会等多项权威调查数据显示，蒙牛液态奶、酸奶及乳酸饮料销量均为全国第一，蒙牛已成为消费者首选乳品品牌[②]。

四、案例

（一）改善部门的文化

道格拉斯·路德维格（Douglas Ludwing）是一家拥有 1200 人的大型家具制造公司设计服务部的经理，这个有 80 人的设计部分 8 个工作组，均向部门经理汇报工作。路德格维先生以前在一家小公司担任开发部副总裁，作为一个领导者有比较好的名声。

路德格维先生在公司的第一年花很多时间努力提高部门的文化，改变前任经理以大量时间控制项目、强调公司目标，路德格维先生先了解部门的情绪、思潮和进程，然后他制定了新的部门会议计划，目的是让每个人都能分享各自的想法和所关注的事。在继续做那些琐事的同时，他通过每星期五的棕色袋装午餐来努力提高部门的团队精神。他每星期与小组领导者进行非正式会面，来了解他们需要什么以及他们在如何做。在假期里由公司备办食物，进行野外烧烤聚餐或在路德格维先生家里聚餐，员工们认为这是一流的聚会。在他的努力下公司组建了一只男女室内足球队，队员全部由设

---

① 《蒙牛的培训之道：注重团队学习》，食品伙伴网，2008 年 12 月 29 日，http://www.foodmate.net/hrinfo/peixun/35738.html

② 《2009 年：跻身世界乳业 20 强》，蒙牛官方网站，http://www.mengniu.com.cn/mn10/2009/0814/article_ 6721.html

计部的员工组成。

设计部的多数人对他们的经理第一年的工作做了肯定的评价。路德格维先生的工作思路给设计部带来了新的生机，员工们开始享受部门的新的活力，他们发现自己沟通多了，抱怨少了。

思考：

改善部门文化并不会直接提高部门的效益，并且有可能到自己离任，都不会产生看得见的利润，但是路德格维这样的行为显然是他履行自己的职责，那么考虑到他作为服务部的经理所进行的部门文化的改善，究竟对组织的发展有哪些直接或间接的好处？有没有可能的潜在的风险？

（二）加碘盐，究竟是好还是坏？

2009 年 5 月，一项“沿海地区居民碘营养状况”由卫生部牵头，在浙江、辽宁、福建、上海四省市，低调展开。

中国一度是世界上缺碘最为严重的国家之一，有 7 亿多人口缺碘，曾占到世界碘缺乏病人群的 40%。1994 年，全民食用加碘盐，与计划生育政策相类似，作为一项国策在中国强制推行。在“食用加碘盐，健康全家人!”标语传播下，各地碘营养的复杂情况被严重低估。2009 年 2 月公布的《全国碘盐监测工作简报》中，可以一窥中国“碘情”的复杂性：“在重点防范（碘缺乏病）省区内外，近年来水碘和重点人群尿碘发现，部分村水碘较高，且高碘和缺碘、适碘乡村混杂存在”。

然后，盐业的垄断专营制度，使得市民极难在市场上买到非碘盐。辽宁、浙江、天津、上海、福建等沿海高碘地区，原本预防大脖子病的碘盐，反而导致市民碘过量，存在巨大的健康风险。在全民补碘政策实施 15 年之后的今天，越来越多的地方流行病学显示，一些地区正迎来甲状腺疾病发病的高峰期。疾病暴发的时间段，刚好与强制食用加碘盐相吻合。

来自民间和医学界自主补碘的呼声越来越高。沿海居民是否应该补碘？甲状腺疾病频发是否与碘营养过量有关？一次全面深入的普查迫在眉睫。中国食盐加碘“一刀切”政策或将面临深层次的调整①。

思考：

当出现问题再来追究原因的时候，往往已经酿成了严重的后果。之所以各地市民面临摄碘过量的风险，其中一个原因是市场上没有提供足够数量的无碘盐，以平衡加碘盐的垄断局面。因此，领导的决策有时候是把双刃剑，既有有利的一面，也要防止不利的一面。关键在于决策的时候，假如所有人都同意、没有人能够直接提出反对意见时候，我们是否应该退一步、给自己的决策留一些回旋的余地？例如，我们是否在大力推广加碘盐的时候，同时保留无碘盐的产量？究竟选择加碘盐还是无碘盐，应当在于市场的选择，在于居民的实际需求。市场的选择实际上能够使决策趋向最有利的一面，但是一旦“没的选”，任何决策都没办法保证完美的结果。

（三）经济开发所造成的环境难题

2010年1月，新《水浒》剧组，由于未经批准，擅自在郑州黄河湿地进行拍摄，对环境造成严重破坏，被下达停拍通知。梁山好汉上演如此版本的“水泊故事”，无疑是个极大的嘲讽。但是，在中国影视剧组破坏环境事件中，梁山好汉不是第一个，更不是最后一个。陈凯歌、张纪中、何平这类的影视大鳄，俨然成为“环境杀手”。

洛杉矶（Los Angelcs）向来以两件事闻名于世：熠熠生辉的电影大片和令人窒息的灰色浓雾。洛杉矶大学（UCLA）2006年一份历时两年的研究发现，原来这两件事并非毫无关联：洛杉矶的电视和电影产业是该地区的第二大污染源，仅次于当地炼油厂排出的噗噗废气。洛杉矶大学环境研究所负责人玛丽·尼科勒斯（Mary Nicholas）说：“人们总在谈论着所谓产业，我们不把这当成产业，

① 资料来源：《全民补碘15年：碘盐致病疑云》，陈鸣、许十文、单崇山，《南都周刊》，2009年8月3日出版，网易新闻中心转载 http://focus.news.163.com/09/0803/10/5FPLIBMT00011SM9.html

我们思考更具创造性的东西，但却忽视了这些创作所付出的代价”。

为了逼真再现那些轰炸场面，电影《珍珠港》（Pearl Harbour）共炸毁了17艘船只。该片在拍摄过程中一直受到环保人士严密监视，剧组专门雇请了潜水员，在每次爆炸前潜入海底，把可能会受到影响的乌龟、鱼群等驱赶出拍摄海域。

美国电影制片公司为了避免动物受伤，往往会花费数十万美元资金，在电脑上制作动物的数字图像（CG）。在《角斗士》（Gladiator）中，角斗士和猛虎搏斗的镜头很多都是用CG制作的。在《指环王》（The Lord of the Rings）中，所有战马跌倒的镜头都是用CG制作。三部曲拍摄于新西兰各地，场面壮美。摄制组在拍摄期间按照严格环保要求搭建了部分场景，对植物和景观未造成影响。影片摄制完成后，搭建场景立即全部清除，影片中那些令人惊叹的自然景观保存完好①。

思考：

《经济开发所造成的环境难题求解》

彼得圣吉在《学习型组织》一书中探讨了通过不断学习来改进组织的发展的众多问题，并且列举了一批基本模式来阐述发展所面临的12种问题，但是对超出企业和组织以外的问题，论述的较少。但随着越来越多的企业在高速发展过程中给人们一并制造了大量的难题，环境保护问题和可持续发展的问题就显得尤为突出。虽然他随后出版了论著《必要的革命：可持续发展型社会的创建与实践》一书，专门探讨了企业如何把自身产生的、常规以外的问题纳入企业改革后的心智模式当中，但是在我们身边出现的越来越多的问题却毫不迟疑的展示另外一幅情景。企业如果要实现经济生产和环境发展的科学平衡，做好可持续发展，不一定用规章制度的约束和道德的宣教。如果在开放式社会里以某种引导、疏通和鼓励的方式履行一种自然自在的系统观，可能会疗效更好。

---

① 资料来源：新水浒破坏环境 梁山好汉劫杀黄河湿地，2010年02月21日，南都周刊（南方新闻网），http://news.qq.com/a/20100221/000963.htm

物质资源是稀缺的，如果遭到了破坏，短期将无法恢复。2010年初，新《水浒》剧组在河南郑州拍摄期间，大量人员重型机械进入湿地使土质变硬、几十匹马啃噬野生红柳树皮、垃圾散落随意焚烧，踩踏原生态荻花，严重破坏了黄河湿地的自然环境。虽然事后剧组道歉，并采取补救措施，但是自然资源的形成有自身的周期，无法通过短期的补救就可以彻底消除不良影响。由于湿地留有大量浅层水源，维护管理得当的话，能够最大程度的保持生态的平衡和多样性，也能够为降低城市污染发挥重要的贡献。重要性不容置疑，也不允许以任何开发和保护的名义将其破坏。

但现是总是事与愿违，近年来这类事件也是屡见不鲜。通过媒体的报道和公众讨论，我们对文化开发和保护之间的问题有了更多的关注。例如2004年《神雕侠侣》剧组破坏九寨沟自然景观；2005年电影《情癫大圣》剧组破坏神农架自然景观；2006年陈凯歌的《无极》剧组在云南“碧沽天池”留下大量垃圾；2008年《楚留香传奇》剧组破坏了新疆唐代烽燧；2009年冯小刚执导的《唐山大地震》在唐山市南湖生态公园遗留大量垃圾等，无一例外是因为当地政府或者自然资源管理方邀请剧组拍摄影视作品以达到宣传当地文化生态环境的目的，不过缺少有效管理和监督，剧组本身也松散无序缺少环保意识，才造成了短期难以挽回的后果。并且往往是在自然资源遭到损害以后，在社会公众的关注下，剧组才出面道歉，主管单位也才出面做出解释。不过另外一方面，媒体的关注和报道又难免存在失实和片面，《无极》拍摄当中媒体大量进入片场报道拍摄进展，却鲜有人报道指出环境的问题，当地官员也置疑媒体在剧组撤离一年多之后才报道，并且也不等地方政府的清理措施，就匆忙发稿引发大量网络争议。

虽然经济补偿可以视作一种补偿手段，媒体的报道也可以视作是公众的监督，但是等到大量文化项目开发出来之后才发现问题，可能已经造成了无法弥补的后果。比如张艺谋的“印象系列”，大型实景山水演出，除了带动当地的旅游经济产业以外，也给当地的生态环境带来了负面的影响。北京林业大学教授李铁铮在《北京日报》上撰文描述过这种可怕的观感："估计除了中国，很少会有其他国家会拿出自己最宝贵的自然山水资源，作为艺术家创造或者表演的舞台。那么强烈的光柱夜复一夜地照射，对植物、对山体的侵蚀是无疑的。那因独特的喀斯特地貌形成的奇特的山峰，那绿树涵养下的碧水，绝不是剧热的舞台灯光所孕育的。而突突而行的汽油船，对水体的污染却是肯定的。还有，夜夜几百人人举着火把在近处、远处表演，使现场上空弥漫着浓浓的、久久不能散去的烟油味道，对空气的污染也是显而易见的了。"他最后提出了一个最重要的问题："所有这些，不知道策划者们、实施者们当年是不是搞过环境的论证?"① 这类实景山水演出的噪音不仅干扰了当地动植物生态环境，也干扰了周围居民们的生活方式。虽然张艺谋和他的团队也曾尝试给游客提供耳机以解决噪音问题，但是最终放弃。很显然，他们要的是上百演员通过巨型舞美灯光音响所制造的"最好的艺术效果"。

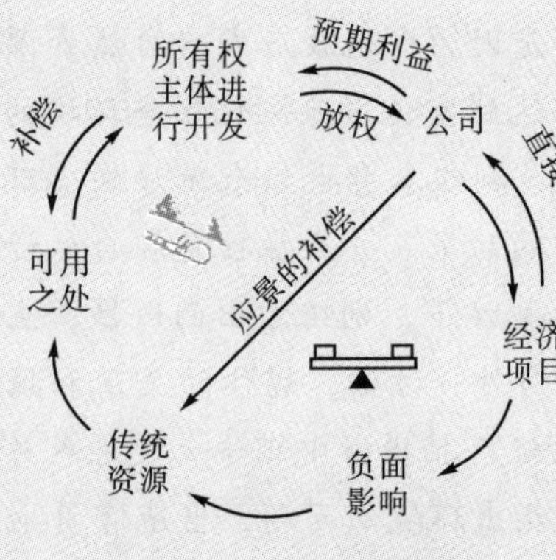

图9　经济发展循环圈

① 李铁铮，《印象刘三姐》缺少环保印象，2007-06-06，北京日报，http://www.bjee.org.cn/cn/news.php?ncws.id=17947

对于这些问题，彼得圣吉认为，应当纳入到企业的自身业务当中，成为企业发展的一个环节。例如在欧洲，法律规定一辆汽车在生产出来之后，企业必须在其最终报废时进行回收。美国铝业公司面对人们的抗议，也主动改进提炼技术，减少了生产每单位铝一半的耗水量。但是，这些都是最理想的状态，更多的是像下面内蒙古草原所遇到的问题。内蒙古乌海的乌达矿区是国家统配煤生产基地，拥有24.4亿吨的煤炭储量，但是地下自然的煤层达到矿区的10%，国家投入人力物力进行了长期的改造。由于条件所限，矿区曾经采取过层层转包并采用剥挖方式进行“灭火”，主要方式是自治区和地方政府投入的资金，主要用于火区勘察，灭火工程规划设计。具体施工所需大量资金，政府并不投入，而是让灭火者“先灭火，后采煤”①，也就是剥挖着火煤后，采掘下层煤炭，以赚取利润。但是这种方式刺激了人们的“假灭火真挖煤”的冲动，加上即便灭火以后，由于煤层开挖，无人回填空坑，回覆植被，一边是地火仍然泛滥、另外一边是小煤矿炸山露天开采、最终是地面植被破坏，环境不复以往。

现实的情况，似乎说明企业的发展和环境的保护是一对很难平衡的矛盾。但是我们也要看到，受到多方问题的影响，企业的发展并不完全依赖于自然的资源，环境的发展和变化有自身的循环系统。各个系统交织在一起，问题在多方作用下最终成为难以解决的问题。虽然导致环境变化的根源很多，但是各级政府单位不可置疑的是解决问题的关键。虽然我们可以颁布条例、规章对企业进行强制性约束，但是为了发展经济而招商引资的却是地方政府，他们希望从企业发展当中获得利润，又要求企业对环境保护负主要责任。从根源上来看，政府本身如果不能做到无直接利益驱动的决策，问题很难得到根本的解决。建设部在《无级》事件之后发布了《关于严格限制在风景名胜区

① 杨万国，内蒙古小煤窑泛滥煤火纵横假灭火真挖煤牟暴利，2010年09月28日，新京报，http://news.qq.com/a/20100928/000125_1.htm

内进行影视拍摄等活动的通知》，但是之后的几部电影拍摄出现的可题，说明了通过发布规章制度，似乎并不能够有效解决“政府—企业—居民—自然环境”这个系统当中的问题。

从政策上看，一方面可以采取限制和引导的方式，对企业的行为加以约束，另外一方面，也应当鼓励那些能够建立起一种完善自身管理模式的组织，鼓励那些能够真正解决重要问题的、能够对人类社会文明发展起到关键作用的组织。彼得·圣吉列举过的电池燃料工厂的例子，指出这个公司的愿景和努力方向就是要研究出完全绿色无污染的电池是可以盈利的。如果一个公司生产的完全不会污染环境的绿色产品，那么有什么理由不对他们的行为进行表扬呢?

在我们的身边，这些努力其实一直都有。近一点的例子是原新东方的老罗（罗永浩）2010 年底作了一次演讲，核心内容是“通过干干净净赚钱，让人相信干干净净赚钱是可能的”，所谓的干干净净赚钱，就是在自己的企业中用正版软件、不克扣员工薪酬等方式，维持企业的正当发展；远一点的例子是，打捞泰坦尼克号沉船遗物的美国公司 RMST 在过去 16 年里，持续打捞泰坦尼克号沉船遗物，并发明了 20 件相关仪器，最终付出这 16 年的努力和所冒的巨大风险，实现了这个公司的成就和泰坦尼克号的真实历史，于是在 2010 年初，美国法院裁定奖励这家公司将近 1.1 亿美元的报酬[①]。这些公司，都是在一种理想主义的状态里，为了实现某些对人类自身更好的未来而去奋斗、并持续的学习和创新，这些努力都建立在一种理想的基点之上。人们需要一个有希望的未来，市场也需要这些为了希望而努力的公司，他们的成立、发展、转型的每一个环节都有可能需要得到政府的鼓励和许可、得到政府的引导和帮助，而不是一味的“管理”或者“约束”，我们对此应当拭目以待。

① 美公司打捞泰坦尼克文物 16 年　获 1.1 亿美元报酬，http://www.chinanews.com/gi/2010/08-15/2468410.shtml

第四部分 结　　语

虽然本书旨在梳理西方管理学发展历程当中，在领导行为和领导力研究方面有着重要意义的一些代表性理论，但是仍然不能涵盖浩如烟海的管理学研究成果。我们注意到，传统、经典的管理学研究已经在逐渐发生着一些改变，比如从一般管理问题的研究逐渐趋向于领导力的研究，等等。究其原因，有代表性的一种学者观点认为，因为管理问题所要关注的东西太过分散，而领导的决策才是管理行动产生和终止的最核心原因。除此以外，国内管理学界也开始从外在的、显性的领导决策和效果评价逐渐过渡到对隐性领导影响力的关注和研究。我们仍然希望通过理论的初步分析，以启发大家观察、研究身边的领导行为，诸位同好能够通过本书各取所需，做到有所舍有所得，那么这本书就算是真正发挥了一点点作用。

即将掩卷，我们不妨暂时放下理论，再想想这些我们长久以来再也熟悉不过，但尚未有意识地关注过的一些事情吧。有些是身边与我们关系紧密的现象。例如工作中出现的人为阻力；市场拓展过程中遇到的项目泥潭；一些组织博弈以实现盈利最大化；在突发事件时处理媒体与公众的关系问题等等。而有些是在这个世界上发生过的、与大多数人息息相关的事情。例如在以防范全球恐怖袭击名义下开展的大国军事行动；中东地区，民族、政治、经济问题交织在一起引发的局部争端；周边各个国家在海洋岛屿主权的争夺上趋于白热化和日陷僵持状态；亚太地区国际安全问题正在引发新一轮关注等等。这些大大小小的足够影响我们生活的事情，背后的深层次的原因，无一例外都是源自于领导者们在具体问题当中考虑彼此利弊得失所做出的那些决策。

而这些事情都是领导学研究所要关注的。

在学术上关于领导问题研究，除了前文各章节所提到的个人特质、行为、权变、团队以及新领导力等几个方面以外，还有成员接受、怀疑学派、信息处理等几个方面的内容。并且随着组织生存环境的变化，以及对于环保和可持续发展等热点问题的关注，领导力研究的角度也一定不会仅仅局限于以上方面，必定还有许多更新、更广、更有趣的问题期待着被人们发现。

我们都知道，领导力理论与其他学科不同的很重要的一点在于它的实践性，除了采用“观察”或者“反思”等这些便捷的方法来增加自身对于领导力的实际体验以外，不妨也主动尝试去做点什么。理论不能仅仅停留在理论层面，理论应当有效指导实践，才能发挥理论的作用。就像乔恩·皮尔斯（Jon L Pierce）和约翰·纽斯特罗姆（John W Newstrom）所提倡的方法那样，我们也鼓励每一个有志于领导科学研究的人开始撰写自己的领导学日记，记录每天自己对于身边领导行为的思考，以及借助一些工具展开对自我的评估。领导学的精髓其实和其他学科一样，就是认知与我们的生存有关的科学，而领导科学更注重一种对于个人内在的能力的考究。究其原因，大抵是因为领导行为本身就属于人类群体生活当中的一种重要行为，若要能够领导别人，前提是能够领导自己。对于自我的认识和把握，也是每一位领导人在成长过程中非常重要的一课。

当然，我们也提倡参考大卫·P·坎贝尔（David P Campbell）建议的方法，看看自己是否能够在某些条件下，说服8个人花至少2个小时的时间来和你一起从事一项有意义的活动，而不是简单的聚会或者闲聊。需要有安排的促成某些事情的发生，能够为大家设计活动内容、安排具体的任务、协调资源和解决可能出现的问题。如果这样的话，你就开始了体验领导行为的有意义的一步。这种活动所带来的成就感和兴奋感，将会极大地激励你，让你在领导力上产生切实的收获，即便遭遇了一些问题，也会更有助于你反思和更好的理解书上所提到的各种理论的价值以及工具的意义。

20世纪以来，人类走入了高度发展和激烈动荡的一个时期，领导学研究也由此开始了迄今100多年的进程，全球化带来的种族主义、部落主义、传媒关系等等问题反映了领导者们所面临的环境日益多元，需要不断的改进自身以适应组织、人才等多方面关系。学者沃伦·本尼斯在超过60年的期间对领导问题进行了大量的研究，他在和同事比伦德曼的研究中发现，最成功的领导者是那些不把自己看成是领导者，而是把自己当作是促进者的人。同样的观点也出现在两千多年前的孔子所说的话中：先有司，赦小过，举贤才。意思是是领导人要能够安排专人负责，并且不去追究他们的小问题，同时也要选拔优秀的人。这无疑是对一名合格领导人的基本要求。但是无论是沃伦·本尼斯还是诸子，他们的观点提出的背景无一例外是领导人对于权利的过多追求而引发的那些战争。在这种情况下，我们只有不断地学习和思考才能够寻找解决问题的更好的途径，也希望所有的领导人都能够愿“处众人之所恶”，愿“一日三省吾身”，寻找潜在的问题和解决矛盾的方法，带领下属实现更好的发展。

管理名词中英文对照表

人名译名对照表

A. K. Korman	科曼
Abraham Lincoln	亚伯拉罕·林肯
Adam Smith	亚当·斯密
Andrew Carnegie	卡内基
Annabel Beerel	安娜蓓尔·碧莱尔
Arie De Geus	阿瑞·德格
Aristotle	亚里士多德
Baron de Montesquieu	孟德斯鸠
Bernard M. Bass	巴斯
Birederman	比伦德曼
Chris Argyris	阿吉里斯
Darl Gustav Jung	荣格
David McClelland	麦克莱兰
David P. Campbell	大卫·坎贝尔
Edward Demming	爱德华·戴明
Edward Hoffman	爱德华·霍夫曼
Franklin Roosevelt	富兰克林·罗斯福
Fred E. Fiedler	菲德勒
Frederick Herzberg	赫茨伯格
Frederick Winslow Taylor	弗里德里克·温斯罗·泰勒
George Lucas	乔治·卢卡斯
George Washington	乔治·华盛顿

Gordon J. Curphy	戈登·柯菲
Gouglas Ludwig	道格拉斯·路德维格
Harold Koontz	哈罗德·孔茨
Harold Williams	哈罗德·威廉姆斯
Henri Fayol	亨利·法约尔
Henry Ford	亨利·福特
Herbert Simon	赫伯特·西蒙
Homer	荷马
Isabel Briggs Myers	迈雅斯
J. W. Atkinson	阿特金森
Jack Welch	杰克·韦尔奇
Jane S. Mouton	简·莫顿
Jay W. Forrester	杰伊·福雷斯特
John P. Kotter	约翰·科特
John W. Newstrom	约翰·纽斯特朗
Jon L. Pierce	乔恩·皮尔斯
Katherine Cook Biggs	布雷格斯
Katz	卡茨
Kenneth Blanchard	肯尼斯·布兰查德
Kenneth Craik	肯尼思·克雷克
Kirkpatrick	柯克帕特里克
Kurt Lewin	库尔特·勒温
Lev Tolstoy	托尔斯泰
Leyland	李兰德
Lippmann	李普曼
Locke	洛克
Machiavelli	马基雅维利
Mann	曼恩
Marcus Tullius Cicero	西塞罗
Mary Nicholas	玛丽·尼科勒斯
Max Weber	马克斯·韦伯
Monica Strauss	莫尼卡·史特劳斯
Napoleon Bonaparte	波拿巴·拿破仑

Odysseus	奥德修斯
Paul Hersey	保罗·赫塞
Peter F. Drucker	彼得·德鲁克
Peter Senge	彼得·圣吉
Peter G Northouse	彼德·诺思豪斯
Plato	柏拉图
Raymond Meredith Belbin	雷蒙德·梅瑞狄斯·贝尔宾
Rechard L. Hughes	理查德·哈格斯
Rensis Likert	伦西斯·利克特
Richard Lynn	理查德·林恩
Richard Nixon	理查德·尼克松
Robatel	卢巴特
Robert C. Ginnett	罗伯特·吉纳特
Robert Hanning	罗伯特·汉宁
Robert J. House	罗伯特·豪斯
Robert J. Sternberg	斯滕伯格
Robert Oppenheimer	奥本海默
Robert R. Blake	罗伯特·布莱克
Robert Tannenbaum	罗伯特·坦南鲍姆
Ronald Regan	里根
Socrates	苏格拉底
Sol China	索奥中国（北京索奥管理咨询有限公司）
Steve Paul Jobs	史蒂夫·乔布斯
Steve Wozniak	史蒂夫·沃兹尼亚克
Stogdill	斯托格迪尔
Terence R. Mitchell	特伦斯·米切尔
Thomas Carlyle	卡莱尔
Thomas Peters	托马斯·彼得斯
Thomas S. Bateman	托马斯·贝特曼
Victor H. Vroom	维克托·弗鲁姆
W. G. Evans	伊万斯
Warren G. Bennis	沃伦·本尼斯

Warren H. Schmidt	沃伦·施密特
Winston Churchill	温斯顿·丘吉尔

专业词汇译名对照表

Achievement Motivation	领导动机研究
Agreeableness	随和性
Balancing Feedback	负（稳定）反馈
Balancing Inquiry and Advocacy	询问和表达的平衡
Behavioral School Of Leadership	领导行为理论研究
Belbin Team Roles	团队角色模型
Cognitive Abilities	认知能力
Completer Finisher，FI	完美主义者
Conscientiousness/Dependability	责任心
Consideration	关怀性
Contingency Model of Leadership Effeveness	有效领导的权变模式
Contingency Theories of Leadership	领导权变理论
Coordinator，CO	协调员
Employee Orientation	员工导向
Expectancy Theory	激励理论
Extraversion	外倾性
Extraversion VS. Introversion	外倾与内倾维度
Fiedler Contingency Model	菲德勒权变模型
Five-Factor-Model，FFM	大五人格模型
Fuel Cell	燃料电池
Genuine Caring	真心关怀
Great Man Theory	伟人理论
Implementer，IM	实施者
Initiation Structure	开拓结构性
Interpersonal Skill	人际技能
Judging VS. Perceiving	判断和感知维度
Leadership	领导行为

LBDQ	领导行为描述问卷
Leader Expertises	领导专长
Leadership Continuum Theory	领导行为连续统一体理论
Leaps of Abstraction	跳跃性推断
Learning Organization	学习型组织
Least Preferred Co-Worker Questionnaire	最难共事者问卷
Left-Hand Column	左手栏
Management Grid Theory	领导方格理论
Manager-Worker，IM	实施者
Management Grid Theory	管理方格理论
MBTI：Myers-Briggs Type Indicator	MBTI：迈雅斯—布雷格斯类型指标
Mental Model	心智模式
Monitor Evaluator，ME	监督者
Motivation	动机
Need for achievement	成就需要
Need for affiliation	亲和需要
Need for power	权力需要
Negative Vision	负面愿景
Neuroticism/Adjustment	情绪稳定性
Openness/Intellectance	经验开放性
Path-Goal Theories of Leadership	路径—目标理论
Personal Mastery	自我超越
Personal Version	个人愿景
Personality	个性
Plant，PL	智多星
Prescriptive	规定性
Production Orientation	生产导向
RAM	计算机存取载体
Readiness	成熟度
Reinforcing Feedback	正（放大）反馈
Resource Investigator，RI	外交员
SAGE	美国半自动化防空系统
Sensing VS. Intuition	感觉与直觉维度

Shaper，SH	推进者
Shared Vision	愿景
Sharing Version	共同愿景
Situational Leadership Theory	情境领导理论
situational leadership theory，SLT	生命周期理论
Social Appraisal	社交评估
Specialist，SP	专家
System Archetypes	系统基本模式
System Thinking	整体的运筹
System Thinking	系统思考
Tacit Knowledge	潜藏知识
Team Learning	团队学习
Team Worker，TW	凝聚者
Theory of Immaturity-Maturity	不成熟—成熟理论
Thinking VS. Feeling	思维和感受维度
Threshold Traits Analysis System	临界特质分析系统
Trait school of leadership	特质理论
Wechsler Intelligence Scale	韦氏智力测试表

作品译名对照表

Bass and Stogdill's Handbook of Leadership	《巴斯和斯托克蒂尔的领导手册》
Citizen Kane	《公民凯恩》
General and Industrial Management	《工业管理和一般管理》
Gladiator	《角斗士》
How to Choose a Leadership Pattern	《如何选择领导模式》
Iliad	《伊利亚特》
Industrial Dynamics	《产业动力学》
Leadership：Theory And Practice	《领导学：理论与实践》
Oyssey	《奥德赛》
Pearl Harbour	《珍珠港》
Protestantism Ethics and Capitalist Spiri	《新教伦理和资本主义精神》

The Apprentice	《学徒》
The Lord ofthe Rings	《指环王》
The Principles of Scientific Management	《科学管理原理》
The Republic	《理想国》
The toy story	《玩具总动员》
The Wealth of Nations	《国富论》

机构、地点译名对照表

American Psychological Association	美国心理学家协会
Apple Inc.	苹果公司
Carpe Diem Ltd.	卡普·戴姆有限公司
CNBC	美国全国广播公司财经频道
CNN	美国有线电视新闻网
DDI	美商宏智国际顾问有限公司
Ford Model T	T 型车
GE	通用电器
Harvard	哈佛
Highland Park	海兰德公园工厂
Los Angeles	洛杉矶
MIT	麻省理工大学
NBC	美国广播公司
OSU	俄亥俄州立大学
Oxford	牛津
Piquette	皮科特厂
Pixar Animation Studios	皮克斯公司
RMST：RMS Titanic Inc.	泰坦尼克公司
SEC-the U. S. Securities and Exchange Commission	美国证券交易委员会
SU	斯坦福大学
SUI	爱荷华州立大学
TX	德克萨斯大学
UCLA	洛杉矶大学

UCLA	加州大学洛杉矶分校
Ulster	阿尔斯特大学
UM	密歇根大学
UOFT	加拿大多伦多大学
UW	西雅图华盛顿大学
WMU	西密歇根大学
YALE	耶鲁大学

参 考 文 献

1. (美) 弗雷德里克·泰勒著，马风才译. 科学管理原理. 机械工业出版社，2007 年 1 月第 1 版.
2. (法) 亨利·法约尔著，迟力耕，张璇译，《工业管理与一般管理》，机械工业出版社，2007 年 5 月第 1 版.
3. (德) 马克斯·韦伯著，康乐，简惠美译，《新教伦理与资本主义精神》，广西师范大学出版社，2007 年 7 月第 1 版.
4. (美) 赫伯特 A. 西蒙著，詹正茂译，《管理行为 (原书第 4 版)》，机械工业版社，2007 年 7 月第 2 版.
5. (美) 切斯特·巴纳德著，王永贵译，《经理人员的职能》，机械工业版社，2007 年 7 月第 1 版.
6. *Management Teams*：*Why They Succeed or Fail*，R. MeredithBelbin，Butterworth-Heinemann press，2010. 3
7. (美) 乔恩·L·皮尔斯，约翰·W·纽斯特罗姆，马志英译，《领导力：阅读与练习 (第 4 版)》，中国人民大学出版社，2009 年 12 月第 1 版.
8. (美) 彼得·德鲁克著，《国外经济管理名著丛书管理—任务、责任、实践》，中国社会科学出版社，1987 年 6 月第 1 版.
9. (美) 约翰·安东纳基斯，(美) 安纳·T·茜安西奥罗，(美) 罗伯特·J·斯滕伯格著，柏学翥，刘宁，吴宝金译，《领导力的本质》，上海：上海人民出版社，2007.
10. (美) 彼得·诺思豪斯著，吴荣先等译，《领导学：理论与实践》，南京：江苏教育出版社，2002 年 12 月第 1 版.
11. (美) 理查德·哈格斯等著，朱舟译，《领导学：在经验积累中提升领导力》(第 4 版)，北京：清华大学出版社，2004.
12. (瑞士) 荣格著，吴康等译，《心理类型学》，西安：华岳文艺出版社，1989 年 4 月第 1 版.
13. 唐薇，《麦尔斯—碧瑞斯人格类型量表 (MBTI) 的理论及应用的初步研究》，华东师范大学，硕士学位论文，2003 年 9 月 30 日.

14. （美）伊莎贝尔·布里格斯·迈尔斯，（美）彼得·迈尔斯著，张荣建译，《天资差异》，重庆：重庆出版社，2008 年 1 月第 1 版.
15. 卢欢，《麦克利兰论权力与领导》，见：《管理学家》，2009 年 3 期，P57-60.
16. 王丽芳，《成就动机理论的奠基人》，见：《管理学家》，2009 年 3 期，P50-51.
17. 王本法，《阿特金森的成就动机期望×价值模式论述评》，见：《山东师大学报：社科版》，2000 年 01 期总第 168 期，P69-71.
18. （美）里基·W·格里芬著，刘伟译，《管理学（原书第 9 版）》，北京：中国市场出版社，2008 年 4 月第 1 版.
19. 郑晓明，《领导权变论：西方领导理论的主流》，见：《中国人才》，1999 年 11 期，P18-19.
20. （美）斯蒂芬·P·罗宾斯，（美）玛丽·库尔特著，孙健敏译，《管理学》，北京：中国人民大学出版社，2008 年 12 月第 9 版.
21. 方振邦主编，《管理思想百年脉络》（新版），北京：中国人民大学出版社，2007 年 11 月第 1 版.
22. （美）阿吉里斯，《个性与组织：互相协调的几个问题》，见：《管理科学季刊》，1957 年 6 月第 1 卷.
23. 包蔚然编著，《第五项修炼实操手册—学习实验室》，上海：三联书店上海分店，2005 年 5 月第 1 版.
24. （美）彼得·圣吉等著，王秋海译，《第五项修炼—变革篇》，北京：东方出版社，2006 年 8 月第 2 版.
25. （美）彼得·圣吉著，张成林译，《学习型组织》，北京：中信出版社，2009 年 10 月第 1 版.
26. （美）严文蕃，《美国高校教学质量管理和评价》，北京市高等学校教学质量管理学术研讨会上所作发言，北京春晖园会议中心，2010 年 10 月.
27. （美）德鲁克著，齐若兰译，《管理的实践—德鲁克管理经典》，北京：机械工业出版社，2006 年 5 月第 1 版.